WLADIMIR KAMINER

Coole Eltern leben länger

GW00702183

GOLDMANN
Lesen erleben

Buch

Wladimir Kaminer ist beim Thema Pubertät außerordentlich entspannt. Schließlich erzieht er seine Tochter Nicole und seinen Sohn Sebastian nur in absoluten Notfällen und hält sich ansonsten an das russische Sprichwort »Wer wenig weiß, kann länger schlafen«. Er weiß also möglichst wenig, aber ein wenig weiß er schon: Ruft eines seiner beiden Kinder an, kann das nur bedeuten, dass eine Katastrophe passiert ist. Ruft es nicht an, kann das nur bedeuten, dass eine Katastrophe passiert ist. Läuft es zu lange draußen herum, ist mit Problemen zu rechnen. Sitzt es zu Hause, ist es nicht zu ertragen. Es kann innerhalb einer Stunde per Facebook alle Freunde verlieren und wieder finden. Und natürlich hat es zu allem eine andere Vorstellung als die Eltern. Trotzdem scheinen neuerdings weniger seine Kinder als die Katzen den Familienfrieden zu gefährden: Sie haben eine Flasche Cognac ausgetrunken, Wladimirs Zigarren aufgeraucht, idiotische Spiele auf seinen Laptop geladen, und mehrfach den Kühlschrank geplündert. So berichtet es der Nachwuchs. Wladimir wird wohl mal ein ernstes Wort mit den Tieren reden müssen.

Weitere Informationen zu Wladimir Kaminer
sowie zu lieferbaren Titeln des Autors
finden Sie am Ende des Buches.

Wladimir Kaminer

Coole Eltern leben länger

Geschichten vom Erwachsenwerden

GOLDMANN

Der Verlag weist ausdrücklich darauf hin, dass im Text
enthaltene externe Links vom Verlag nur bis zum Zeitpunkt
der Buchveröffentlichung eingesehen werden konnten.
Auf spätere Veränderungen hat der Verlag keinerlei Einfluss.
Eine Haftung des Verlags ist daher ausgeschlossen.

 Dieses Buch ist auch als E-Book erhältlich.

MIX
Papier aus verantwor-
tungsvollen Quellen
FSC® C014496
FSC
www.fsc.org

Verlagsgruppe Random House FSC® N001967

1. Auflage
Taschenbuchausgabe August 2016
Copyright © der Originalausgabe
2014 by Wladimir Kaminer
Copyright © dieser Ausgabe 2016
by Wilhelm Goldmann Verlag, München,
in der Verlagsgruppe Random House GmbH,
Neumarkter Str. 28, 81673 München
Umschlaggestaltung: UNO Werbeagentur, München,
unter Verwendung der Gestaltung und Konzeption
von buxdesign | München
Autorenfoto: © Urban Zintel, 2014
AB · Herstellung: Str.
Druck und Bindung: GGP Media GmbH, Pößneck
Printed in Germany
ISBN 978-3-442-48445-4
www.goldmann-verlag.de

Besuchen Sie den Goldmann Verlag im Netz

für Nicole Helena Lilith
und Sebastian Charles Gregor

Alle Namen sind geändert, alle Geschichten hätten so oder ähnlich passieren können, alle Ähnlichkeiten mit real existierenden Kindern, Müttern und Vätern sind weder beabsichtigt noch gewollt.

Inhalt

Wer lange schläft, wird niemals heiß
11

Der unsichtbare Schnurrbart
18

Widerspenstige Schüler
23

Facebook-Party
28

Mittelreif
32

Die Anmachsprüche
38

Deutsche Schule
43

Komplizierte Menschen
47

Abenteuer Familie
51

INHALT

Berlin – Malawi

55

Im Rahmen der Hose

59

Der Tag des Wissens

65

Romeo & Julia 2.0

71

Die Asche unserer Zigaretten auf dem Fest
der Eidechsen oder: Enttäuscht für immer

75

Wozu brauchen wir reiche Menschen?

82

Jack Daniel's ist sein zweiter Vorname

86

Das Jugendschutzgesetz

91

Bunt statt blau

101

Der nächste Champion betritt die Bühne

110

Solange Merkel lacht

115

Ahnenforschung

122

Die ungarische Rhapsodie

131

INHALT

Französisch lernen
141

Klassenfahrten
148

Kommen und gehen
154

Die Geschmäcker der neuen Generation
158

Erderwärmung
166

Die Reise nach Ägypten
172

Matriarchat
182

Alles glitzert
189

Das Leben – ein Wissenssupermarkt
196

Stunde Null
202

Die Rolle des Fernsehens im Leben der Kinder
209

I Can't Get No Satisfaction
216

Alter Mormone hat immer recht
222

INHALT

Ode an die Dummheit
228

Leben heißt Leben
234

Zur Kernfrage einer Geschichte
240

Die Entführer
245

Loreley
253

Wir haben nichts bemerkt
261

Mitläufer der Zeit
268

Der Aufsatz zum Thema Freiheit
274

Das Wunderkind
279

Russen, Indianer, Afrikaner und wir
283

Finger knacken kurz vor Weihnachten
289

Mein Leben mit Es
296

Wer lange schläft, wird niemals heiß

Die Kinder rebellieren, weil sie ihre eigene, nicht mit dem Kram der Väter vorbelastete Welt haben wollen, anstatt die Geschichte des elterlichen Scheiterns weiterzuschreiben. Ein Konflikt ist in dieser Situation unvermeidlich. Die Erwachsenen haben dafür ein unschönes Wort gefunden: Pubertät. Das ist keineswegs eine Kinderkrankheit, es sind immer zwei, manchmal sogar drei Generationen daran beteiligt. Die Eltern pubertieren mit ihren Kindern, sie versuchen, sie zu erziehen oder in ihrem Erwachsenwerden auszubremsen. Beides wirkt so lächerlich, als würde man sich bemühen, mit bloßen Händen die Erdumdrehung zu beschleunigen oder zu verhindern. Der Traum der einen wird in der Pubertät in den Albtraum der anderen verwandelt.

Der Wunsch der Jugend auszubrechen, keine Zeit mit den Eltern zu verbringen, ist natürlich verständlich. Die Kinder glauben, die Erde sei rund, wenn man nur lange genug ausbrach, könnte man andere, vielleicht interessantere Menschen als die Eltern kennenlernen. Die Eltern dagegen wissen, weiterlaufen ist sinnlos, die Erde ist rund und überall gleich. Deswegen verbarrikadieren sich die Erwachsenen die meiste Zeit ihres Lebens in quadratischen, praktischen Räumen, sie sitzen am liebsten in einer Ecke, damit niemand von hinten an sie heranschleichen kann. Aus den quadratischen Räumen der Eltern, gebaut auf der runden Erde der Kinder, entsteht das Paradox der Pubertät. Die Kinder laufen weg, die Eltern laufen ihnen oft hinterher. Aber spätestens nach zwei Stunden kommen sie alle zu uns, klingeln an der Haustür oder rufen an.

»Darf meine Freundin Antonia bei uns übernachten? Sie hat mit ihrer Familie ein Problem, ihre Eltern drehen durch«, fragte mich meine Tochter Hilfe suchend.

Wir standen in diesem Generationenkonflikt, schätzte ich, auf der falschen Seite. Wir selbst erziehen wenig, nur in Notsituationen. Wir mischen uns aus Prinzip nicht in die Angelegenheiten der Jugend ein – eine aus der Erfahrung der Menschheit resultierende Weisheit. Selbst in der Bibel steht, dass jedes neue Wissen nur das Leid mehrt. Ein altes deutsches Sprichwort sagt zu diesem Thema »Was ich nicht weiß, macht mich nicht heiß«, die Engländer meinen »Curiosity killed the Cat«. Auch die Russen haben ihre Lehre auf diesem Gebiet in einem Sprichwort formuliert: »Wer wenig weiß, kann länger schlafen.« Ich weiß also am liebsten gar nichts, aber ein wenig weiß ich schon. Ich weiß zum Beispiel, dass Antonia noch drei jüngere Geschwister hat, von denen jedes einen eigenen Papa hat. Ihre Mama ist sehr sensibel, sie läuft ihrer Tochter bestimmt hinterher, und wenn sie alle bei uns übernachten wollen, müssen wir viele neue Matratzen kaufen.

»Das ist ein bedauerliches Problem, liebes Töchterchen, wenn die Eltern durchdrehen«, sagte ich nachdenklich, um etwas Zeit zu gewinnen. »Wie sieht das bei Antonia genau aus?«

Die Mutter von Antonia habe eine Liste im Korridor aufgehängt, in der sich alle Besucher von Antonia eintragen sollen, mit Namen, Vornamen, Geburtsdaten, Adressen und Telefonnummern. Wenn sie gehen, sollen sie die genaue Zeit ihres Aufbruchs angeben, damit die Mutter den Überblick über das Privatleben ihrer Tochter behält. Antonia fühle sich zu Hause wie im Knast. Sie sei von dort abgehauen und müsse bei uns übernachten dürfen. Außerdem sei sie ja schon da. Zehn Minuten später rief, wie ich gleich vermutet hatte, die durchgedrehte Mutter von Antonia an. Sie klang eigentlich ganz normal, fragte mich, ob Antonia bei uns angekommen und ob noch jemand mit ihr mitgekommen sei. Ich hatte keine Ahnung, ob sie jemanden mitgebracht hatte. Antonias Mutter wollte das nicht glauben.

»Sie wissen nicht, wer im Zimmer Ihrer Tochter ist?«, wunderte sie sich.

»Ja, weiß ich nicht«, erwiderte ich. »In der Bibel steht, jedes Wissen mehrt nur das Leid. Was ich nicht weiß, macht mich nicht heiß; curiosity killed the cat.«

»Vielleicht haben Sie ja recht und ich bilde mir zu viel ein«, sagte die Mutter von Antonia und legte auf.

So einfach kann Erziehung sein, dachte ich auf dem Balkon in einer Hängematte liegend und widmete mich weiter der Himmelsbeobachtung. Nicht einmal fünf Minuten waren vergangen, da erschien meine Tochter zwischen den Sternen.

»Darf Frederike bei uns übernachten?«

Wie der Zufall das so an sich hat, waren auch die Eltern von Frederike synchron mit den Eltern von Antonia durchgedreht – ohne sich vorher abgesprochen zu haben. Die Mutter von Frederike, eine Künstlerin, hatte sich in einen Musiker verliebt, der in einer deutschen Doppelgängerband von »The Cure« Gitarre spielte. Zusammen haben sie nun ein Baby, das Frederike nicht anfassen darf, weil ihre Mutter den schlimmen, jedoch unbegründeten Verdacht hegt, Frederike würde heimlich rauchen – so schilderte mir meine Tochter den Fall. Die Mutter von Frederike stehe voll auf einen gesunden Lebensstil, sie wolle mit Frederike zusammen joggen gehen und Joghurt essen. Alles Unreine und Ungesunde wolle sie aus der Welt schaffen und befürchte, wenn Frederike das neue The-Cure-Baby mit ihren Nikotinfingern anfasse, werde die Musik dieses neuen Lebens möglicherweise falsch gespielt. Sie hatte von Frederike bereits das Ehrenwort erpresst, dass sie, falls sie tatsächlich rauchte, dies unterlassen würde, bis das The-Cure-Baby volljährig war. Sie hatte das Zimmer von Frederike durchsucht, alle Möbel auf den Kopf gestellt und die Klamotten kontrolliert, um ihre Tabakvorräte zu finden.

Nun wollte Frederike aber nicht mit ihrer Mutter joggen gehen, weil sie sich verfolgt fühlte, wenn sie mit ihrer Mutter zusammen durch die Stadt laufen musste. Sie hatten sich gestritten, die Tochter war weggelaufen, die Mutter hinter ihr her. Das The-Cure-Baby hatte die Abwesenheit der beiden Frauen genutzt, war aus dem Bettchen und in Frederikes Zimmer gekrabbelt, hatte blitzschnell den Tabak *Cheetah* gefunden und begonnen, sich das erste Zigarettchen seines Lebens zu drehen, so schilderte es Frederike. Als die Mutter zurückkam, suchte das Baby bereits nach Feuer. Frederike gab zu bedenken, laut Jugendschutzgesetz dürfe sie mit sechzehn Jahren schon rauchen, nur nicht in Anwesenheit älterer Personen. Die Mutter flippte daraufhin aus – und deswegen müsse Frederike jetzt bei uns übernachten, behauptete meine Tochter.

Ich kaufte ihr die verrückte Babygeschichte nicht ab, aber andererseits hatten sich Wahrheit und Wahnsinn in der letzten Zeit bereits sehr stark angeglichen, sie waren kaum noch auseinanderzuhalten. Wenig später rief mich die Mutter von Frederike an. Sie fragte mich, ob ich Informationen darüber besäße, ob meine bzw. ihre Tochter rauchten.

»Ich habe keine Ahnung!«, antwortete ich wahrheitsgemäß. »In meiner Anwesenheit tun sie es nicht, wie es im Jugendschutzgesetz vorgeschrieben ist. Was sie unter sich treiben, will ich nicht wissen. Jede neue Katze mehrt nur das Leid«, sagte ich, »wer lange schläft, wird niemals heiß.«

»Vielleicht haben Sie ja recht, ich übertreibe«, meinte die Mutter von Frederike.

Kurz vor Mitternacht, ich war gerade mit Sternezählen fertig, klingelte es wieder an der Haustür. Ob Johanna bei uns übernachten dürfe?, fragte meine Tochter und fing gar nicht erst an zu erzählen, was passiert war. Es war auch egal. Bestimmt hatten die Eltern von Johanna erfahren, dass die Eltern von Antonia und Frederike durchgedreht waren, und beschlossen, sich aus Solidarität ebenfalls dem Wahnsinn hinzugeben. Sie hatten eine Computerfirma engagiert, um den Facebook-Account ihrer Tochter zu knacken, hatten Mikrokameras in ihrem Zimmer eingebaut und ihr Telefon angezapft. Und deswegen musste auch Johanna jetzt bei uns übernachten.

In der Nacht hörte man komische Geräusche aus dem Mädchenzimmer, Schreie, Lachen und Musik. Frederike, Johanna und Antonia »chillten«. Es klang nicht im Geringsten danach, als machten sie sich Sorgen über ihre armen durchgedrehten Eltern. Sie tauschten sich ziemlich laut über andere Themen aus. Ich habe natürlich gar nicht zugehört, denn: Wer zu viel weiß, dem wird die Katze heiß.

Der unsichtbare Schnurrbart

Unruhige Zeiten. Mein Kind ging in die siebte Klasse. Schon mehrere Male hatte ich von verschiedenen Eltern gehört, die siebte Klasse sei die Spitze der Pubertät, da erreiche sie ihre höchste Stufe. Meine Tochter, die damals in die neunte Klasse ging, bestätigte mir dies aus eigener Erfahrung.

»Die sechste geht noch, sogar die achte wäre unter Umständen zu akzeptieren, aber die siebte – kannst du vergessen. Zum Heulen und Wegschmeißen«, meinte sie.

Zur Beruhigung las ich alte Bücher, sie spendeten mir Trost. Alles sei vergänglich, stand in diesen Büchern, alles komme und gehe, nichts währte ewig, auch die siebte Klasse nicht. Doch es gelang mir nicht, mich gänzlich mit alten Büchern vor dem Alltag zu verbarrikadieren. Immer wieder wurde ich von den anderen Familienmitgliedern, von meiner Mutter zum Beispiel, aufgefordert, aktiv am Erziehungsprozess teilzunehmen. »Du musst auch was sagen«, drängte sie mich. Sie hängte mir den Erziehungsauftrag buchstäblich um den Hals. Das Hauptdilemma jedes Erziehungsbeauftragten ist, sich den Respekt des Erziehungsbedürftigen zu verschaffen. Der Erziehungsbeauftragte muss beweisen, dass er nicht nur älter, sondern auch weiser als der Erziehungsbedürftige ist, mehr erlebt hat und dementsprechend eine größere Lebenserfahrung besitzt, die er jederzeit bereit ist, dem Erziehungsbedürftigen auf dessen Weg mitzugeben. Der Erziehungsbedürftige wehrt sich dagegen.

»Was hast du denn in deinem Leben gehabt, was ich in meinem nicht auch schon hatte?«, fragte mich mein zwölfjähriger Sohn, als ich ihm mit meinem Erziehungsauftrag zu nahe kam.

»Sehr vieles, mein Sohn«, sagte ich mit ausschweifender Geste und überlegte fieberhaft, was genau das sein könnte. Etwas, das seriös genug wäre und auch in den Augen des Kindes eine wichtige Lebenserfahrung darstellen würde.

»Zum Beispiel eine unglückliche Liebe«, sagte ich pathetisch.

»Hatte ich!«, rief Sebastian und schüttelte verständnisvoll den Kopf.

Ich wusste sogar, wen mein Sohn damit meinte. Vor ein paar Wochen hatte er von einem Mädchen aus seiner siebten Klasse eine Wollmütze geschenkt bekommen, die er nie mehr abnehmen wollte. Er lief den ganzen Tag in dieser Mütze herum, ging sogar mit der Mütze schlafen, wollte aber nicht mit mir darüber reden. Nach einigen Tagen verschwand die Mütze jedoch von seinem Kopf und aus der Wohnung. Das war wahrscheinlich die unglückliche Liebe, die er meinte.

Gut, dachte ich, kommen wir ihm mit dem Erziehungsauftrag eben von hinten. Wenn das Kind sich für zu erwachsen hält, spielen wir das Spiel mit und reden miteinander Klartext, wie es unter Erwachsenen angebracht wäre.

Kinder, die sich für erwachsen halten, suchen in der Regel auch nach sichtbaren Beweisen für ihr Erwachsensein. Und wenn sie keine sichtbaren finden, schalten sie auf unsichtbare um. Jeden Tag verbringt mein Sohn viel Zeit vor dem Spiegel mit dem nachdenklichen Betrachten seines unsichtbaren Schnurrbartes. Dieser Schnurrbart macht ihm Sorgen. Er könnte womöglich krumm wachsen. Er fragt sich außerdem, ob er nicht zu dick, zu schräg, zu schnell oder zu langsam herauskam und ob die linke Seite nicht doch etwas schiefer hing als die rechte? Weil dieser Schnurrbart ein unsichtbarer ist, kann er sein Problem nur mir mitteilen, denn ich bin der Einzige, der vorgibt, diesen Schnurrbart zu sehen.

»Ja«, sage ich, »tatsächlich ist die linke Seite etwas schief. Das kommt daher, dass ...« – und an der Stelle fädle ich meinen Erziehungsauftrag in die Schnurr-bartproblematik ein. Der Erziehungsauftrag wächst hoffentlich wie der Schnurrbart von allein weiter. In diesem Alter soll alles schnell wachsen: innen der Erziehungsauftrag, außen der Schnurrbart. Selbst wenn er unsichtbar bleibt.

Unsichtbare Schnurrbärte werden sowieso demnächst groß in Mode kommen. Denn eigentlich sollte diese Generation durchsichtig sein wie keine andere vor ihnen. Sie wird per Internet kontrolliert, in zahlreichen Foren organisiert und von mächtigen Suchmaschinen erfasst, die jeden Einzelnen in Sekundenschnelle überall finden können. Dadurch wird sich ihre Moral ändern müssen. In einer Welt, in der die Menschen die intimsten Gedanken anderer auf Facebook lesen können, werden sie nachsichtiger miteinander sein, mit mehr Verständnis die Macken der anderen ertragen und Barmherzigkeit und Geduld ihrem Nächsten gegenüber zeigen. Außerdem werden sie ehrlicher miteinander umgehen müssen, denn Beschiss lohnt sich nicht mehr in einer Welt, die von Webkameras rund um die Uhr unter Kontrolle gehalten wird.

Dafür wird die Selbstkontrolle stärker werden, weil man sich stets als in der Öffentlichkeit stehend begreifen wird. Gleichzeitig erlangt das Unwahrscheinliche, das Mystische, das Geheimnisvolle einen besonderen Stellenwert. Die verborgenen Sehnsüchte und Träume,

die von keiner Suchmaschine erfasst, von keinem fremden Auge entdeckt werden können, werden den wahren
Reichtum eines Menschen ausmachen. Der unsichtbare Schnurrbart wird ein Vermögen wert sein.

Widerspenstige Schüler

Wenn ich die Schule meiner Kinder und meine eigene sowjetische Schule vergleiche, stelle ich fest, dass die Schüler von hier und heute unglaublich brav sind. Selbst in der tiefsten Pubertät, in einem Alter, in dem man keinen Konflikt scheut, um die eigene Reife zu beweisen, zeigen sich diese Schüler leistungsorientiert und gesetzestreu, so wie die bürgerliche Gesellschaft sie gerne hätte. Selbst wenn sie untereinander streiten, beleidigen sie lieber die Handys, die Musik oder die Computerspiele des Feindes als diesen selbst. Selten wird es persönlich. Ein vietnamesischer Junge beschimpfte einmal meinen Sohn, seinen bis dahin besten Freund, im Streit als »Scheißausländer«. Später, als die Jungs sich wieder vertrugen, fragte ihn Sebastian, wie er das gemeint hätte und wo er sich selbst ausländertechnisch verorten würde. Der Junge schüttelte nur den Kopf und sagte, er hätte das im übertragenen Sinne gemeint.

Das Verhalten von Zwölfjährigen ist schwer zu prognostizieren. Mein Sohn nennt seine Schulkameraden nicht umsonst »tickende Zeitbomben«. Manchmal ticken diese Bomben im Uhrzeigersinn und manchmal nicht. Streiten, wenn überhaupt, tun sie auf dem Hof. Im Klassenzimmer sind es nette Kinder, sie helfen einander und widersprechen nie ihren Lehrern. Es gibt in der ganzen Klasse nur einen einzigen widerspenstigen Schüler, der den Lehrern ständig ins Wort fällt. Das macht er natürlich nicht bei den exakten Wissenschaften. Die Erkenntnisse in Mathematik, Chemie oder Physik geben wenig Anlass, sie anzuzweifeln. Bei den Geisteswissenschaften öffnet sich allerdings ein breites Feld des Widerstands. Auch im Kunstunterricht kann man statt einer langweiligen Vase den grünen Teufel an die Wand malen und behaupten, die Wahrheit läge im Auge des Malers. Bei Musik kann man behaupten, falsch und laut sei auf jeden Fall besser als richtig und leise. Am meisten wird aber im Ethikunterricht gestritten. Ethik ist eigentlich zum Streiten da. Ich konnte meinen Kindern in vielen Fächern bei der Erledigung der Hausaufgaben helfen, nur bei Ethik musste ich passen. Ich glaube, mit meinen Ratschlägen hätten die Kinder in dem Fach nur schlechte Noten bekommen.

»Stellen Sie sich vor«, lautete eine Hausaufgabe, »Sie gehen mit einer Freundin bzw. einem Freund in einen Laden einkaufen und merken, dass Ihre Freundin bzw.

Ihr Freund etwas gestohlen hat. Was würden Sie tun? a) Ihren Freund decken, b) es ihm aus Solidarität nachtun oder c) die Polizei verständigen?«

»Ich würde niemals meinen Freund verraten, dafür sind es ja Freunde, damit man sie eben nicht verpfeift, ganz egal was sie tun, auch wenn sie Mist bauen«, so hätte ich geantwortet und hätte dafür eine Fünf bekommen. Für eine Eins in Ethik hätte man den Freund sofort verpfeifen müssen! Dein Freund oder deine Freundin, sie werden dir später dankbar sein, dass du sie zur rechten Zeit vom falschen Weg abgebracht und ihre kriminelle Karriere gleich zu Anfang abgewürgt hast – so behauptet es zumindest der Ethikunterricht. Ich sehe es direkt vor mir, wie dieser Freund bzw. diese Freundin im Knast sitzt und mir Dankesbriefe schreibt:

»Vielen Dank, mein lieber Freund, dass du mich damals verpfiffen hast. Ohne dich wäre mein Leben möglicherweise völlig falsch gelaufen. Jetzt habe ich viel Zeit, in Ruhe darüber nachzudenken. Noch mal danke und auf baldiges Wiedersehen.«

Der widerspenstige Schüler fragte: »Was ist, wenn ich eine Bank ausraube, nur um meiner Freundin ein Hochzeitsgeschenk zu machen? Soll sie mich dann auch verpfeifen? Außerdem kann man doch auch aus ethischen Gründen klauen, zum Beispiel, um Armen zu helfen, wie Robin Hood es getan hat.«

Die Lehrerin kommt ins Schwitzen und mag den

widerspenstigen Schüler nicht. Ein anderes Thema in Ethik ist die Gleichberechtigung von Andersgläubigen, Andersfarbigen, Lesben und Schwulen. Der widerspenstige Schüler streitet auch hier. Er sieht die Mehrheit benachteiligt. Minderheiten haben doch ausnahmslos schon alle Rechte der Mehrheit, wollen aber dazu auch noch ihre Extrarechte als Minderheit. Alle Männer in Deutschland haben zum Beispiel das Recht Frauen zu heiraten. Sie müssen nicht, aber sie dürfen. Schwule wollen zusätzlich aber auch noch Männer heiraten können. Darin sieht der widerspenstige Schüler eine Ungerechtigkeit der Mehrheit gegenüber. »Wenn schon gleiche Rechte, dann sollen die Mehrheit sie genau wie jede Minderheit bekommen«, behauptet er und macht sich bei der Ethiklehrerin noch unbeliebter.

Aus dem gleichen Grund will der widerspenstige Schüler kein Englisch lernen. Die Engländer leiden ohnehin schon lange darunter, dass alle Welt ihre Sprache versteht und mindestens ansatzweise spricht. Alle anderen Völker haben jedoch außer Englisch auch noch ihre eigene Sprache, mit der sie sich untereinander schnell und direkt verständigen können, und zwar so, dass kein Engländer sie versteht. Engländer und Amerikaner haben diese Möglichkeit nicht. Sie müssen nicht nur im Ausland und mit Ausländern, sondern auch untereinander stets dasselbe Englisch sprechen. Das ist ungerecht. Deswegen will der widerspenstige Schüler nicht Englisch lernen, selbst wenn er der letzte Mensch auf dem Planeten sein sollte, der nicht versteht, worüber die Engländer reden.

Manche Lehrer lassen sich auf den Streit ein, andere nicht. Auf jeden Fall bekommt der widerspenstige Schüler schlechte Noten und ist schon einmal sitzen geblieben. Trotzdem genießt er bei seinen Mitschülern und auch bei den Lehrern Respekt. Sie wissen, die Widerspenstigen von heute sind die Revolutionäre von morgen.

Facebook-Party

Meine Tochter Nicole bereitete sich auf eine große Feier vor: Ihr sechzehnter Geburtstag stand an. Sie wollte ihn unkonventionell feiern, das heißt ohne Eltern und ohne Geschenke. Als erwachsener Mensch, der Sartre und Marx gelesen hat und das kapitalistische System bei jeder Gelegenheit anprangerte, war sie zu dem Schluss gekommen, dass auch die sogenannte Geburtstagsfeier bloß eine kapitalistische Erfindung war, um die Bürger zum Kauf von Sachen zu bewegen, die sie nicht brauchten. Diese werden als »Geschenke« vermarktet. Meine Tochter wollte nicht nach dieser kapitalistischen Pfeife tanzen und verzichtete auf Geschenke. Stattdessen sollten wir ihr gleich Geld geben, damit sie selbst bestimmen konnte, was sie brauchte und was nicht. Und wir müssten nicht bis zum Geburtstag damit warten, denn dieses Datum hatte sowieso nur einen symbolischen Wert. Die Feier würde irgendwann stattfinden, pleite aber sei sie schon jetzt.

Statt eines Geburtstags wollte sie eine Facebook-Party feiern und nur die besten Freunde aus ihrem Facebook-Kreis einladen. Dazu würde sie, mit unserer Erlaubnis selbstverständlich, eine Kiste Bier kaufen, denn Facebook-Freunde mögen Bier. Wir fanden das eine ziemliche Schweinerei, dass unsere Tochter ohne uns feiern wollte, zeigten aber Demut und Verständnis und fuhren am Geburtstagstag aufs Land. Man wird schließlich nur einmal im Leben sechzehn Jahre alt. Wir saßen draußen am Lagerfeuer und erinnerten uns wehmütig an unsere eigenen Partys, als wir sechzehn wurden. Damals waren Freunde noch richtige Menschen aus dem Leben, nicht aus dem Netz. Mit einer Kiste Bier waren sie nicht zufriedenzustellen.

Ab Mitternacht wurden wir immer öfter mit Anrufen terrorisiert, die immer häufiger und schließlich im Zehnminutentakt kamen. Der jüngere Bruder von Nicole rief an, obwohl er, wie sich später herausstellte, extra mit Geld geschmiert worden war, um nicht zu petzen. Meine Mutter, die zwei Stockwerke über uns wohnt, rief an. Die Nachbarn von gegenüber riefen an. Alle wollten wissen, ob wir noch alle Tassen im Schrank hätten. Nach Einschätzung der Anrufer stand die Tür zur Wohnung offen, zwischen fünfzig und hundert Menschen gingen ein und aus, und es sah nicht nach einer Party, sondern eher nach einem Überfall aus. Meine Mutter wäre vor lauter Aufregung beim Beobachten der Geschehnisse beinahe aus dem Fenster gefallen. Sie berichtete, in unserem Schlafzimmer lägen Menschen auf unserem Bett, und in der Garderobenecke ginge ständig das Licht ein und aus, unbekannte Jungs und Mädchen säßen auf den Fensterbrettern und rauchten. Die Musik spielte so laut, dass die Nachbarn die Polizei rufen wollten – alles Kleinbürger natürlich, die selbst nie sechzehn geworden waren.

»Kommt sofort zurück«, beschworen uns die Anrufer, »sonst fliegt das ganze Haus in die Luft!«

Wir waren, zugegeben, etwas aufgeregt, blieben aber am Lagerfeuer sitzen. Man wird schließlich nur einmal im Leben – und so weiter. Am nächsten Tag fuhren wir zurück und fanden eine supersaubere und gelüftete Wohnung vor. Nicht alle Facebook-Freunde hätten sich als richtige Freunde erwiesen, berichtete uns Nicole. Das Problem war, dass Facebook-Partys wie eine arabische Revolution funktionieren: Du lädst deine Facebook-Freunde ein, die laden ihre eigenen Freunde dazu, die wiederum auch eigene Freunde haben, und so kannte Nicole die Hälfte der Facebook-Gäste nicht. Irgendein Freund war in meinen Turnschuhen weggegangen, ein anderer hatte Sebastians Kopfhörer mitgenommen und eines der Flugzeugmodelle, die Boeing 747. Wieder andere hatten die Türklingel demoliert und Briefkästen mit Graffiti beschmiert.

Wir haben nichts gesagt, schließlich wird man nur

einmal im Leben blablabla. Aber ich denke an dich, du fremder Facebook-Freund, der in meinen Turnschuhen jetzt irgendwo da draußen rumläuft. Du wirst kein leichtes Leben haben. Denn die Welt ist groß, Freunde lauern überall, und jeder wird einmal im Leben sechzehn Jahre alt.

Mittelreif

Den ganzen Winter verbrachten wir unter dem Zeichen des MSA, der mittleren Schulreife meiner Tochter. Anfangs staunten wir nicht schlecht, mit welcher Ernsthaftigkeit die Zehntklässler ihre eigene Reife wahrnahmen. Das ging nicht ohne Schmerz und Leid. Der deutsche Schüler muss wie Käse reifen, bevor er dem Staat auf den Tisch kommt. Er muss reifen in einem speziellen Gefäß aus Aufgaben, in einem engen Korsett von Prüfungen, Herausforderungen und Pflichten, bis er richtig stinkig ist. Erst dann darf er raus in die große weite Welt.

Die erste wichtige Aufgabe des mittleren Schulabschlusses hörte sich leicht an. Meine Tochter sollte zusammen mit einer anderen Schülerin aus ihrer Klasse einen Vortrag ausarbeiten und vor einer Lehrerkommission halten. Das Thema ihres Vortrags durften sich die Schüler selbst ausdenken, es musste allerdings vom Lehrerrat genehmigt werden. Nicole und ihrer Freundin Marie wurde vom Lehrerrat empfohlen, nach einem Stoff zu suchen, mit dem sie sich auch im täglichen Leben auseinandersetzten, der also etwas mit ihrer Lebenssituation zu tun hatte und sie stark beschäftigte.

Die Mädchen überlegten und knüpften sich das Thema »Pest« vor. Die Schulleitung hielt das zwar für brutal, aber eigentlich in Ordnung. Marie sollte die medizinischen Aspekte der Entstehung und Bekämpfung der Krankheit vorbereiten, Nicole etwas über die Ausbreitung und den Einfluss der Pest auf Kultur, Literatur und Kunst im Mittelalter erzählen. Das Thema Pest breitete sich in unserer Wohnung aus. Jeden Tag erfuhren wir neue Einzelheiten über diese tödliche Krankheit. Nicoles Aufgabe war durch die vorgegebene Kürze ihres Vortrages zusätzlich erschwert, immerhin wütete die Pest allein in Europa mehrere Jahrhunderte lang, und Nicole hatte für den ganzen Vortrag nur sieben Minuten.

»Die hygienischen Bedingungen im Mittelalter waren erschreckend«, erzählte Nicole uns während des Frühstücks und beim Mittagessen. »Die Menschen hatten keine Kanalisation, sie kackten direkt vor ihre Häuser, Krankheitserreger breiteten sich über die Straßen aus, über Ratten, Mäuse und Flöhe. Die Klöster, die man als Krankenhäuser benutzte, taugten dazu nicht. Die Pilger und Mönche, die von Kloster zu Kloster und von Stadt zu Stadt gingen, um ihren Glauben zu verbreiten, verbreiteten vor allem die Pest. Gleichzeitig behauptete die Kirche, die Seuche sei keine Krankheit, sondern eine Strafe Gottes für die von Menschen begangenen Sünden und von daher gar nicht heilbar.«

Im Zuge der Vorbereitung auf die Präsentation des Vortrags brauchte Nicole einen Zuhörer mit Stoppuhr. Ich hörte mir den Vortrag jeden Abend vor dem Schlafengehen fünf Mal an und verdammte innerlich die mittlere Reife. Ich träumte bereits von riesigen verpesteten Flöhen, die über die Straßen sprangen und mich fragten: »Wie geht's?«

Lina, die zweitbeste Freundin von Nicole, wollte ebenfalls etwas Brutales als Thema wählen, den spanischen Bürgerkrieg zum Beispiel oder den Einfluss der amerikanischen Horrorfilme auf das Verhalten der deutschen Jugend. Ihr Freund aber, der sich als Linker positioniert und schon an mehreren Aufmärschen und Demonstrationen teilgenommen hat, wollte unbedingt einen Vortrag über Marxismus halten. Er hatte auch bereits einen tollen Titel für diese Arbeit gefunden, »Das Gespenst des Kommunismus – Illusion oder Wirklichkeit?«, fand aber niemanden in der Klasse, der mit ihm zusammen über dieses Gespenst recherchieren wollte. In seiner Verzweiflung wandte er sich an Lina. Sie konnte ihren Freund nicht im Stich lassen, verzichtete auf die Horrorfilme und konzentrierte sich auf marxistische Theorie.

Die beiden interviewten meine Frau und mich dazu, immerhin hatten wir ein Vierteljahrhundert mit dem Gespenst des Kommunismus auf engstem Raum zusammengelebt.

»Was war das für ein Gefühl, in einer sozialistischen Gesellschaft zu leben und zu arbeiten?«, fragten uns die Schüler. Durch diese Fragen erschien uns unsere eigene Lebenserfahrung plötzlich besonders wichtig und wertvoll, so als hätten wir die ganze Zeit damals in einem Käfig mit wilden Tigern verbracht und nicht in unserer Heimat, die einmal von einem lustigen amerikanischen Präsidenten als »Imperium des Bösen« bezeichnet worden war. Meine Frau wollte Linas Freund auch erklären, dass die Gier die Idee des Kommunismus letztlich zunichtegemacht hätte. Die ersten Kommunisten wären im Alltag sehr zurückhaltend, bescheiden gewesen, sie hätten zu viel über das Glück der Menschheit nachgedacht – ohne das eigene Glück zu bedenken. Allerdings verwechselt meine Frau manchmal deutsche Worte, die in der Tat, jedes für sich genommen, einander sehr ähneln, im falschen Zusammenhang aber einen völlig anderen Sinn ergeben. Statt »zurückhaltend« verwendete Olga das Adjektiv »zurückgeblieben«, was im Groben dasselbe ist, wenn man über Verkehrsmittel spricht. Angewandt auf den Kommunisten aber irritierte diese Aussage die Marxismusforscher ziemlich und steuerte ihre Ergebnisse in eine völlig falsche Richtung.

Der dritte Freund aus der Clique meiner Tochter, der sorglose Jan, lachte über die übertriebene Mühe seiner Kumpel. Er hielt diese ganze mittlere Reife für eine Verschwendung kreativer Energie und sich selbst längst für reif genug, um mit solchen Lächerlichkeiten klarzukommen. Seine ältere Cousine hatte vor vier Jahren auf einer anderen Schule eine Eins für ihren sehr langweiligen Vortrag »Die Auswirkung der Landschaft Schwedens auf Kunst und Kultur« bekommen. Diesen Vortrag lernte Jan auswendig. Er bekam das Thema auch genehmigt und rechnete fest damit, die Prüfung mit Bestnote zu bestehen. Mit seiner Sorglosigkeit störte er die anderen nur. Jeden Tag versammelten sich die Mittelreifenden bei uns in der Wohnung, aßen das ganze Toastbrot weg und tranken in Mengen modische koffeinhaltige Limonade. Mit Stoppuhren in den Händen präsentierten sie einander und uns ihre Vorträge. Diese sollten nicht zu lang und nicht zu kurz sein. Bald fühlte ich mich selbst mittelreif – für die Klapse. Alles vermischte sich im Haus, die verpesteten Flöhe und Pilger, das bärtige Gespenst des Kommunismus und der sorglos durch die öden Landschaften Schwedens torkelnde Jan. Wann ist dieser Albtraum endlich vorbei, dachten wir.

Am Tag der Prüfung fuhr ich die Vortragenden persönlich mit dem Auto zur Schule, die Aufregung war groß. Die Pest bekam eine Eins minus, das Gespenst des Kommunismus eine Vier, weil das Thema angeblich nicht richtig aufgemacht war. Es sei unklar geblieben, was es denn nun gewesen wäre, Illusion oder Wirklichkeit, und wo es von heute aus gesehen zurückgeblieben wäre.

Aber am schlimmsten hatten es die Landschaften Schwedens verkackt zur großen Verwunderung aller Eingeweihten. Der leichtsinnige Jan stand kurz davor durchzufallen: Obwohl er alles genauso wie seine Cousine vor drei Jahren erzählt hatte, konnte er die Prüfungskommission nicht überzeugen. Jan selbst sah darin einen Ausdruck von antimännlichem Sexismus. Anscheinend wirkten die Landschaften Schwedens auf die Prüfungskommission nur, wenn über sie mit einer weiblichen Stimme und in einem kurzen Rock referiert wurden, schimpfte der Junge wütend. Nach der Prüfung wurden alle Kärtchen vernichtet, und es wurde in einer Pizzeria bis zum späten Abend gefeiert. Die Flöhe, das Gespenst und die Landschaften Schwedens verschwanden aus der Wohnung und aktuell aus unserem Leben. Die Reife blieb.

Die Anmachsprüche

Wenn Jungs und Mädchen zum ersten Mal versuchen, Kontakt zueinander aufzunehmen, ist es nicht leicht für sie, gleich die richtigen Worte zu finden. Ich denke, selbst die größten Dichter und Romanciers der Vergangenheit, die als Erwachsene jeden Tag frische Frauenherzchen zum Frühstück verspeisten, hätten als Vierzehnjährige in unserer emanzipierten aufgeklärten Welt Probleme bekommen, eine richtige romantische Anmache hinzukriegen. Nach wie vor will die Natur, dass die Jungs beginnen, obwohl sie in der Allgemeinentwicklung nicht ganz vorne sind. Trotzdem sollen sie die richtigen Fragen stellen und die Mädchen die dafür passenden Antworten finden.

Täglich bringt mein Sohn, der Achtklässler, neue Anmachsprüche nach Hause, die lächerlich sind und die beiden Geschlechter einander bisher nicht einen Millimeter nähergebracht haben. Ich wundere mich jedes Mal, wenn Sebastian mir die Sprüche vorführt.

Wer mag sich bloß so etwas Bescheuertes ausdenken? Man kann sich kaum vorstellen, dass dieser Quatsch in einem runden menschlichen Kopf entstanden ist. Die weniger harmlosen hören sich wie folgt an:

»Sind deine Eltern Terroristen? Du siehst aus wie eine Bombe!«

Die Mädchen schweigen dazu in der Regel und zucken mit der Schulter.

»War es Liebe auf den ersten Blick, oder soll ich später noch mal vorbeikommen?«

Sie schweigen.

»Deine Augenfarbe passt zur Farbe meiner Unterhose – soll ich sie dir zeigen?«

Da haben die Mädchen die passende Antwort allerdings bereits gefunden. Sie sagen: »Deine Farbe kenne ich, bestimmt kackbraun.«

Die Jungs sind ratlos. Diese Sprüche taugen nichts, und andere sind nicht vorhanden.

Die alten Bücher überliefern, dass Gott den ersten Menschen als Hermaphroditen kreiert hat, damit es ihm in seiner Vollkommenheit an nichts fehlte. So konnte sich der erste Mensch durch bloße Anstrengung seines Geistes selbst begatten und Nachkommen zeugen. Doch auf Dauer fanden die ersten Menschen es langweilig, sich auf diese unspektakuläre Art zu vermehren, und baten Gott, ihnen jemand anderen dazu zu erschaffen. Gott hielt dies für Verschwendung, kam aber seiner Schöpfung entgegen und teilte sie auf in Mann und Frau. Ein Gefühl der Unvollkommenheit ergriff die Schöpfung. Beide Teile hatten noch gut in Erinnerung, dass sie einst eins gewesen waren. Diese Erinnerung zog sie ungeheuer stark zueinander hin. Sie versuchten immer und immer wieder, eins zu werden, aber teilten sich bei dieser Anstrengung bloß in noch mehr Teile, indem sie sich paarten und Kinder bekamen. Mit jedem neuen Kind wurde die Erinnerung an die frühere Zusammengehörigkeit schwächer, aber sie erlosch nie.

Mit ihrer neuen Paarungssituation waren die Menschen alles andere als glücklich. Die Teilung in Mann und Frau hatte zwar große Spannung in die Sache gebracht, Männer und Frauen hatten nun aber keine Ruhe mehr, ständig mussten sie einander hinterherrennen. Und sie waren ziemlich unzufrieden damit, dass der liebe Gott ihnen die Geschlechtsorgane auf dem Rücken platziert hatte. Egal wie sie sich drehten, knieten oder hinstellten, nie konnten sie einander bei der Paarung in die Augen schauen. Sie konnten im besten Fall jemand anderen beim Geschlechtsverkehr beobachten. Das hatte zur Folge, dass die Paare nie lange zusammenblieben. Die Menschen meuterten.

Gott hatte inzwischen von seiner Schöpfung ziemlich die Nase voll. Wie er sich auch anstrengte, eine vernünftige Ordnung zu schaffen, es verwandelte sich alles in

Chaos, wenn Menschen im Spiel waren. Er respektierte aber auch dieses Mal ihre Wünsche und montierte ihnen die Geschlechtsorgane an die Vorderseite, obwohl er persönlich dieses Design peinlich fand. Gleichzeitig belegte er den Mensch mit der Auflage der Scham, damit er mit seinen Teilen nicht zu doll angab. Insgeheim hoffte Gott, durch die Scham würde der Mensch irgendwann vielleicht auch die Geschmacklosigkeit ihres neuen Aussehens erkennen. Besser später als nie, dachte Gott.

Die Menschen gerieten nun in eine Zwickmühle. Zwar konnten sie sich endlich beim Paaren in die Augen schauen, aber sie schämten sich dabei furchtbar. Seitdem klopfen die Herzen, und die einsamen Seelen suchen und suchen einander. Kluge Worte fallen, und blöde Sprüche werden geklopft. Die anfänglich klare und gemütliche Ordnung wurde in Millionen kleiner Puzzleteile zerlegt, die sich mal links nebeneinander-, mal rechts nebeneinanderlegen, sich aneinanderreihen und wieder auseinanderfallen, zusammen sein wollen und trotzdem vorne und hinten nicht passen. Nichts passt zusammen. Nicht einmal deine Augenfarbe zu der Farbe meiner Unterhose, soll ich es dir zeigen? Oder sind deine Eltern Terroristen?

Unsere Sehnsucht ist nicht zu stillen. Wir laufen wie die Verrückten durch die Welt und schauen hinter jedem Haus, hinter jedem Baum. Überall kann die ganz große Liebe auf uns warten. Wir gehen komplizierte Beziehungen ein, wir trinken das Gift des Zweifels und der Ohnmacht, wir sterben fast vor Liebeskummer, wir feiern und versinken im Meer der Gefühle. Und wenn die ersten großen Wellen überstanden sind, denken wir, war es wirklich Liebe auf den ersten Blick, oder soll ich zur Sicherheit doch noch mal vorbeikommen?

Deutsche Schule

Das Schöne an deutschen Schulen ist, man bekommt dort buchstäblich alles beigebracht. Spätestens in meinem Lieblingsfach Ethik werden die Voraussetzungen für ein glückliches und erfülltes Leben geklärt, die jeder am liebsten gleich auswendig lernen sollte. Wir hatten ja in der Sowjetunion keinen Ethikunterricht, deswegen lerne ich bei meinen Kindern leidenschaftlich mit. Besser später als nie. Im Lehrbuch bleibt keine Frage unbeantwortet, ob es um den Glauben an Gott geht, Liebe und Freundschaft, Familie und Wohngemeinschaft, alles wird bis ins letzte Detail zerlegt und durchgekaut. Die Autoren des Buches bleiben nicht bei Fragen wie »Warum klauen schlecht ist« stehen. Nein, sie dringen tief in den Dschungel der Philosophie ein: Die Kapitel tragen so anspruchsvolle Überschriften wie »Miteinander leben«, »Leben als Tanz« oder »Leben als Rätsel und Geheimnis«.

Obwohl mich als Leser dieses Lehrbuches gerade das

Geheimnisvolle und Rätselhafte nicht wirklich überzeugt hat. Die Tatsache, dass die Menschen an einen
Gott glauben, dessen Existenz sie sich nicht ganz sicher sind, finde ich nicht so spannend. Viel spannen-
der wäre es zum Beispiel, würden die Menschen an einen klar und deutlich existierenden Gott glauben, der
aber seinerseits an einen anderen Gott glauben würde,
den es dann doch nicht gibt. Aber diese Möglichkeit
wird im Ethiklehrbuch nicht in Betracht gezogen. Auch
die Aussicht auf eine ungewollte Schwangerschaft als
direkte Folge von Liebe und Freundschaft fand ich etwas überzogen sowie die Notwendigkeit der Verhütung
beim »Leben als Tanz«. Trotzdem habe ich das Lehrbuch meiner Tochter aber in einer Nacht buchstäblich
verschlungen und weiß nun die Antwort auf mindestens eine Frage: Warum es so viele unglückliche Erwachsene auf der Welt gibt. Sie hatten keinen Ethikunterricht in der Schule. Und wenn es hart auf hart kam,
wussten sie wahrscheinlich nicht, was Homosexualität
war: a) eine sexuelle Orientierung oder b) unvergleich-
lich und einmalig oder c) ein interessantes Experiment.

Wir sowjetischen Schüler hatten, wie gesagt, weder
Ethik noch Moral im Unterricht, und ich frage mich,
wie wir überhaupt ohne diese Kenntnisse so lange auf
freiem Fuß geblieben sind. Statt der Vermittlung dieses Wissens stand in meiner Schule die sogenannte
»Gesellschaftslehre« auf dem Plan. Im Rahmen dieser

Lehre wurden wir in erster Linie anhand der Aussagen von Lenin, Marx und Engels über Recht und Unrecht in einer Gesellschaft aufgeklärt. Ich habe kaum noch eine Erinnerung an diese Lehre, ich weiß nur, dass jeder Mehrwert dem Arbeiter gestohlenes Geld ist, die Freiheit des Individuums eine bewusst gewordene Notwendigkeit und Religion Opium fürs Volk. Ich möchte gleich hinzufügen, dass dieses Wissen uns nicht wirklich glücklich gemacht hat. Ganz anders ist es mit dem Ethiklehrbuch. Wenn alle Kinder Deutschlands ihre Lehrbücher an die Eltern und Großeltern zum Lesen weitergeben würden, wer weiß, wie viel Unglück dadurch verhindert werden könnte.

Meine Tochter hat allerdings im Rahmen einer »LEK« – einer Leistungserfolgskontrolle – eine Drei in Ethik nach Hause gebracht. Ich konnte es nicht fassen. Wie kann man eine Drei in Ethik haben? Wo das doch das einfachste von allen Fächern ist. »Ja, ja«, meinte meine Tochter, »das denkst du dir so.« Sie hätten aber in Ethik ein total bescheuertes Theaterstück aufführen müssen, über ein Mädchen namens Petra Müller, dessen Eltern einen Liebesbrief ihres Freundes ohne ihre Zustimmung gelesen hatten, woraufhin der Freund, als er davon erfuhr, das Mädchen sitzen ließ. Ein Drama, wenn nicht eine Tragödie. Ausgerechnet meine Tochter musste Petra Müller spielen. Ihr sogenannter Freund schrieb ihr in dem sogenannten Brief: »Du bist doof, aber ich liebe dich trotzdem.« Die sogenannten Eltern hatten die ganze Zeit wie blöd gekichert, und meine Tochter bekam einen Lachanfall – kaum konnte sie das Stück zu Ende spielen. »Sei froh, dass dir so etwas erspart geblieben ist«, meinte meine Tochter zu mir.

Komplizierte Menschen

Mein Sohn kommuniziert stundenlang mit Mädchen auf Facebook. Einige eingeweihte Familienmitglieder behaupten, er sei möglicherweise schwer verliebt. Das ist für mich eine beruhigende Nachricht, denn das Internet ist für die Liebe ein sicherer Hafen. Man muss sich über Verhütungsmittel keine Sorgen machen und keine Angst vor Mikroben haben. Ich glaube außerdem, dass diese Tastaturliebe nicht weh tut.

Ursprünglich war die Liebe ein Leidensweg, ein glatter Durchschuss mitten ins Herz. Ein molliger Junge mit quasi-französischem Namen und Bogen schoss einen Pfeil in die Herzen von Jungen und Mädchen. Allerdings schoss er nicht willkürlich herum, sondern nach genauer Anweisung seiner Vorgesetzten, der Liebesgöttin. Diese Dame wusste angeblich genau, wer mit wem verkuppelt werden musste. Viele Pfeile gingen jedoch daneben. Entweder waren die Menschen nicht bereit, dieses Geschenk des Himmels anzunehmen, oder der Schütze traf die Falschen. Bei manchen erreichten seine Pfeile nicht das Herz, sondern prallten von der Brieftasche ab oder blieben in der Kleidung hängen. Manche Betroffenen zogen sich die Pfeile nach einer Weile wieder aus dem Leib und gingen auseinander. Die anderen fühlten sich verknallt, fanden aber das Objekt ihrer Liebe nicht.

Bei Wohnungsproblemen war die Göttin völlig machtlos. Viele Liebesbeziehungen in meiner Jugend scheiterten am Fehlen passender Lebensräume. Ich wohnte zusammen mit meinen Eltern und einer Katze auf einem sehr engen Territorium. Noch dazu hatten die Zimmertüren kein Schloss. Als ich das erste Mal von Amors Pfeil getroffen wurde, bat ich meinen Vater, ein Schloss an der Tür zu meinem Zimmer anzubringen. Er lachte mich bloß aus und meinte, ich sei viel zu kompliziert und müsse die Sache mit den Mädchen einfacher angehen. Einfache Menschen bekämen immer genug Liebe und Zuneigung, die Komplizierten würden dagegen oft ihr Leben lang allein bleiben. Mein erstes Rendezvous zu Hause war dementsprechend ein Desaster. Alle fünf Minuten schaute mein Vater herein, mal mit und mal ohne zu klopfen, und fragte, ob alles in Ordnung sei und ob ich vielleicht den Rat eines Älteren brauche. Das Mädchen suchte schnell das Weite. »Deine Freundin ist ein komplizierter Mensch!«, meinte mein Vater dazu.

Ich zweifelte dagegen an der Existenz dieser angeblich glücklichen einfachen Menschen. Alle sind kompliziert. Um als einfacher Mensch geboren zu werden, müsste man an einem einfachen Ort auf die Welt gekommen sein. Am besten an einem Ort, wo es keine anderen Leute gab, keine Vorgeschichte, doch solche Orte sind auf keiner Karte verzeichnet. Wir alle werden an komplizierten Orten geboren. Selbst der erste Mensch im Paradies hatte Beziehungsprobleme und musste mit Gott, seinem Vater, Kompromisse schließen.

Mein Vater ist ebenfalls in einer komplizierten Umgebung aufgewachsen, in einer Kellerwohnung mit Eltern und Schwester. Über sein erstes Rendezvous erzählte er, es hätte in einem Park stattgefunden, im Diskothek-Pavillon. Gerade war der Twist in Mode gekommen, und auf der Tanzbühne war die Hölle los. Es war ein freier Tanz, jeder tanzte mit jedem, es war nicht leicht, sich auf einen einzigen Menschen zu konzentrieren. Deswegen hatte mein Vater nicht gleich realisiert, dass der Mann neben seinem Mädchen irgendwie doch zu ihr gehörte. Als er das Mädchen umarmte, wurde er von deren Freund ebenfalls umarmt und von der Tanzfläche geschmissen. Den Rest des Abends tanzte mein Vater im Park neben der Disko mit dem Freund seines Mädchens in der berühmten Stellung »Schwebender Schmetterling«, die durch den damals berühmten Boxer Muhammad Ali bekannt war. Am Ende gab es für den Schmetterling jedoch kein Entkommen, mit einem Kieferbruch lief er nach Hause.

Zum Glück scheinen die heutigen Teenies einen ruhigen Hafen der Liebe gefunden zu haben, einen Ort, an dem sie unter sich sein können, jenseits aller Öffentlichkeit, jenseits von überflüssiger Konkurrenz. Sie können einander alles fragen und einander alles zeigen, nur anfassen können sie einander nicht. Dafür aber brauchen sie keine Verhütungsmittel und vor Mikroben keine Angst zu haben, höchstens vor Computerviren.

Abenteuer Familie

Unser großes Kaufhaus wird gegen 15.00 Uhr von Schulkindern in Geiselhaft genommen. Sie verbarrikadieren mit ihren Ranzen die Gänge, fahren die Rolltreppen rauf und runter, kleben an den Schaufenstern großer Läden und geben ihr letztes Kleingeld für Bubble-Tees oder Eis aus. Sie eilen nicht nach Hause, wo möglicherweise Mama und Papa auf sie warten, jedenfalls theoretisch. An den Wänden des Kaufhauses hängen seit Wochen Plakate, die zu einer Ausstellung einladen: »Abenteuer Familie«. Dafür wird mit Fotos von bekannten Schauspielern und Fußballern geworben, von denen die Welt weiß, dass sie regelmäßig neue Familien gründen und neue Kinder in die Welt setzen.

An dieser Ausstellung haben die Schulkinder kein Interesse, sie wissen selbst aus erster Hand, wie abenteuerlich das Familienleben sein kann. Zum Beispiel Jenny, die gute Freundin meiner Tochter: Viele Wege stehen Jenny jeden Tag nach der Schule offen. Während meine Tochter nur die Wahl hat, mit den anderen Mädels im Kaufhaus abzuhängen oder nach Hause zu gehen, kann sich ihre Freundin oft nicht entscheiden, wo sie hinsoll. Sie könnte zu ihrer Mutter oder zu ihrem Vater gehen, die beiden haben sich nämlich getrennt und neue Familien gegründet. Sie könnte auch zu ihrem Opa, der in einem Wohnwagen am Rand der Stadt mit seiner neuen Freundin lebt, die er über Facebook kennengelernt hat. Allerdings kann Jenny diese Freundin nicht leiden, die viel jünger ist als ihr Opa und erwachsene Kinder hat, die sie ständig mit Jenny vergleicht. Und natürlich findet sie die eigenen immer besser. Jenny könnte auch zu ihrer älteren Schwester gehen, die in einem Atelier wohnt. Sie versucht sich gerade als selbständige Modedesignerin und verbringt Tage und Nächte bei der Arbeit, nur um nicht nach Hause gehen zu müssen. Jennys Schwester ist eine Halbschwester, das Resultat eines zweiwöchigen Amerikaurlaubs, in dem ihre Mutter einen netten Franzosen kennengelernt hat. Jennys Schwester hatte sich als Kind nie besonders für ihren leiblichen Vater interessiert, erst als Erwachsene fragte sie ihre Mutter aus, recherchierte im Internet und fand den Franzosen. Sie schrieb ihm einen Brief, er antwortete und schickte ihr Fotos von seiner französischen Familie. Es stellte sich heraus, dass Jennys Schwester in Frankreich eine ganze Menge Geschwister hat. Im Sommer will sie nach Frankreich fahren und ihren Vater kennenlernen. Sie ist wegen dieser Reise total nervös und kaum noch ansprechbar, sie macht sich große Sorgen, ob sie dem Vater gefallen wird.

Jenny ist eifersüchtig auf die neue französische Verwandtschaft ihrer Schwester, deswegen geht sie zurzeit lieber nicht in deren Atelier. Eigentlich kann sie nirgendwohin. Ihre Mutter ist zurzeit allein und hat zu Hause einen noch nie dagewesenen Erziehungseifer entwickelt. Sie schaut ständig in den Schrank ihrer Tochter, will ihre Gedanken kontrollieren und hat sogar in ihrer Abwesenheit die Plakate an der Wand ausgetauscht: Peter Fox und Salvador Dalí entfernte sie und hängte stattdessen eine Reproduktion von Caravaggios »Madonna und Kind« auf. Der Vater von Jenny ist dagegen frisch verliebt und deswegen kaum ansprechbar. Sein neuer Freund, ein Inder, hatte davor mit seiner Mutter zusammengelebt. Jetzt ist er samt Mutter zu dem Vater von Jenny gezogen. Die neue Schwiegermutter des Vaters gefällt Jenny gut, besser als des Vaters Freund. Sie trägt einen Sari, lächelt oft, hat einen roten Punkt auf der Stirn, der Bindi heißt, und sieht sehr schick aus. Mit ihr könnte Jenny ihre Englischkenntnisse verbessern. Doch die Schwiegermutter ist die ganze Zeit mit den beiden Männern beschäftigt, die sie für kleine Kinder hält. Kein Wunder, dass Jenny sich von allen verlassen fühlt.

Wie war es eigentlich damals bei den ersten Menschen im Paradies? Sie lebten friedlich zu dritt unter dem Baum der Erkenntnis, Mann, Frau und Schlange, vereint in jungfräulicher Unwissenheit darüber, was im Wald ein paar Meter von ihrem Baum entfernt jede Nacht abging. Sie waren in ihrer kleinen Zelle miteinander glücklich, bis sie die verbotene Frucht naschten und erkannten, dass sie eigentlich gar nicht aufeinander angewiesen waren und jederzeit noch andere Menschen kennenlernen konnten, wenn sie wollten. Sie bildeten sich ein, dass die spannendsten Abenteuer immer die waren, die einem noch bevorstanden, und die interessantesten Menschen solche, die man noch nicht kennengelernt hatte. Viel Zeit ist seitdem vergangen, und es hat keinen Sinn mehr, darüber zu streiten, wer an dieser Erkenntnis Schuld trägt – der Mann, die Frau, die Schlange, alle zusammen oder nacheinander. Fakt ist, dass sie einander zu wenig wurden. Sie zogen los und wurden einsam.

Berlin – Malawi

Viele deutsche Frauen feministischer Prägung habẹn Doppelnamen, als wollten sie sich nicht auf eine Person reduzieren lassen und immer die Möglichkeit für sich behalten, noch jemand anderer zu sein. Eine Lehrerin meiner Tochter, Frau Rückwärts-Walzer, unterrichtet Geografie und Sport. Um ihre geografischen Kenntnisse aufzubessern, geht sie oft auf Reisen. Sie fährt natürlich nie an die Urlaubsorte mit mildem Klima, die von den Reisebüros als paradiesische Inseln gepriesen werden. Stattdessen fährt sie in steinige Wüsten oder auf hohe Berge, dorthin, wo es entweder zu kalt oder zu heiß, jedenfalls aber auf irgendeine Weise unerträglich ist. Sie ist bereits mehrmals in den Kaukasus geflogen, um dort einige, den Europäern kaum bekannte Berge zu besteigen, sie durchquerte die Sahara, war in Westafrika und zuletzt in Malawi.

Nach dieser Reise wandte sie sich gänzlich von ihren Berliner Schülern ab. Sie hatte früher schon oft enttäuscht geäußert, dass diese europäischen Schüler – ich übertreibe jetzt einmal – genau genommen nichts weiter waren als verwöhnte, überfressene, faule Parasiten, die nichts lernen wollten. Doch nach ihrer letzten Malawi-Reise, wo sie die wunderbarsten Kinder kennengelernt hatte, arme, fröhliche und höfliche Kinder, die für jeden Krümel Wissen, für jede Scheibe Brot Dankbarkeit zeigten, schien Frau Rückwärts-Walzer immer weniger Verständnis für ihre Berliner Schüler zu haben. Auch die Sorgen und Probleme, die diese verwöhnten Kleineuropäer hatten, schienen ihr aus afrikanischer Sicht winzig. Keime im Schulessen zum Beispiel. Mehrere Schüler hatten sich eine Darminfektion geholt, und man suchte lange nach der Ursache, bis man schließlich die Keime fand. Sie hatten sich in der Erdbeerkonfitüre versteckt, mit der der Magerquark garniert war. Arme kranke Kinder, sie mussten ihre Ferien statt auf Mallorca auf der Toilette verbringen. Frau Rückwärts-Walzer schüttelte nur den Kopf. Erdbeerkonfitüre! Magerquark! Toilette! In Malawi lebten die meisten von einem Dollar am Tag, sie hatten keine funktionierende Wasserleitung, die Kinder wurden als Kindersoldaten angeworben, sie bekamen keine ausreichende medizinische Hilfe. In der Schule mussten sie auf dem Boden sitzen, und zur Toilette gingen sie auf den Hof. Viele von ihnen hätten sich möglicherweise gefreut, auf einer europäischen Toilette ihre Schulferien zu verbringen.

Frau Rückwärts-Walzer stellte außerdem noch fest, dass diese malawischen Schüler ein viel größeres Interesse an Geografie und Sport zeigten als Gleichaltrige in Berlin. Alle dort wussten, wo Europa lag und wie die Hauptstadt von Deutschland hieß, was man umgekehrt von den hiesigen Schülern nicht behaupten konnte. Nur einer in der Klasse kannte die Hauptstadt von Malawi, ein Streber natürlich. Und sportlich waren die dortigen Schüler auch noch. Niemand von den hiesigen konnte so hoch springen und so schnell laufen wie die Malawier. Am liebsten hätte Frau Rückwärts-Walzer einen großen Schüleraustausch ins Leben gerufen, alle Berliner Klassen nach Malawi geschickt, die netten wissbegierigen Malawier hierhergeholt und mit Magerquark und Erdbeerkonfitüre gefüttert. Natürlich ohne Keime. Aber das ging nicht.

Manchmal hatte sie mit diesen Berliner Kindern aber auch Mitleid. Vielleicht lag es einfach an ihrem sozialen Umfeld, und kaum in Berlin angekommen würden die Kinder aus Malawi genauso faul und gleichgültig werden? Jeden zweiten Satz begann sie nun mit Malawi:

»Ihr solltet einmal nach Malawi fahren«, sagte sie.

Oder: »In Malawi hättest du für diese Schreibarbeit nicht einmal eine Vier minus bekommen!«

Die Kinder aus der Klasse meiner Tochter waren zuerst wegen dieser Marotte ein bisschen beleidigt, haben sich dann aber schnell daran gewöhnt. Sie nutzen den Vergleich zu ihren Gunsten. Wenn sie mit einer Schul- oder Hausarbeit nicht klarkommen, greifen sie nun zu einer steilen Ausrede:

»Tut uns leid, wir sind halt nicht in Malawi«, sagen sie bei jeder Gelegenheit und zucken mit den Schultern.

Im Rahmen der Hose

Der Wunsch nach Schönheit ist in jedem Mensch zu Hause, die Schönheitsideale bleiben jedoch trotz aller Anstrengungen unerreichbar. Kaum hatte meine Tochter sich neue Jeans gekauft, fing sie an, die Hose zu zerreißen. Dabei war diese Hose bereits mit Löchern produziert worden, es war eine Used-Look-Hose. Doch die am Fließband produzierten Löcher entsprachen nicht dem Schönheitsgefühl meiner Tochter. Sie seien bloß Mainstream, sie hätten kein Gesicht, sie seien Massenware wie die Jeans selbst, behauptete meine Tochter, die nichts mit Mainstream zu tun haben wollte. Stattdessen mochte sie ihre ganz persönlichen Löcher an ganz anderen Stellen haben, wo sie niemand außer ihr hatte. Beim Hosenzerreißen schien sie einer einfachen Regel zu folgen: Je größer die Löcher, umso weiter entfernte sie sich vom Mainstream. Durch die zu starke Individualisierung hatten die Jeans jedoch ihre ursprüngliche Hosenform gänzlich verloren, sie waren mehr zu einem Rock geworden, der aus lauter Streifen und Stofffetzen bestand. Es wurde der Tochter verboten, die individualisierte Hose anzuziehen.

»Diese Hose, die keine mehr ist, fällt gänzlich aus dem Rahmen der europäischen Kultur heraus«, sagte ich.

»Na und«, konterte meine Tochter, »vielleicht fühle ich mich zur europäischen Kultur gar nicht hingezogen. Vielleicht sehne ich mich vielmehr nach dem Kontext der afrikanischen Kultur. Ich schreibe es mit einem dicken Stift auf meine neue Lieblingshose und gehe damit morgen in die Schule.«

Ein Kampf der Kulturen entbrannte.

»Du kannst mir nicht erzählen, was richtig und was falsch ist«, behauptete meine Tochter. »Du bist in einem anderen Land aufgewachsen und sozialisiert worden, in einem Land, das es gar nicht mehr gibt, in einem Jahrhundert, das längst vorüber ist, in einer anderen Kultur, die jedem heute fremd und erklärungsbedürftig erscheint. Du hast andere Lebenserfahrungen gemacht, andere Bücher als ich gelesen. Das Einzige, was uns verbindet, sind die dicken Augenbrauen, die ich ständig zupfe, weiter nichts. Du hast keine Ahnung von meinem kulturellen Kontext!«

Beschämt ging ich auf den Balkon, eine rauchen. Auf der Suche nach neuen Argumenten erinnerte ich mich an meine eigene Jugend in einem Land, das es nicht mehr gab, in einem Jahrhundert, das längst vorüber war. Auch wir hatten uns damals viel mehr von der »afrikanischen Kultur« angezogen gefühlt, jenseits vom Mainstream, die wir damals bloß »amerikanische Kultur« nannten, aber dasselbe meinten. Wir sehnten uns ebenfalls nach abgenutzten, zerschredderten Jeans mit Löchern, so wie wir sie in den wenigen amerikanischen Filmen sahen, die durch den eisernen Vorhang zu uns durchsickerten. Fast alle Helden in diesen Filmen, ob Cowboys, Hippies oder Gauner, trugen solche abgewetzten, cool aussehenden Jeans. Wir wussten nur nicht, wie Cowboys, Gauner und Hippies diesen Effekt bei den Jeans hinbekamen. Bei den Cowboys konnten wir vermuten, dass sie so lange auf ihren Pferden ritten, bis ihre Jeans an der Reibungsfläche zwischen Pferd und Reiter richtig modisch aussahen. Hippies und Gauner hatten wahrscheinlich ein schweres Leben in Amerika, sie hatten keine Arbeit, übernachteten unter freiem Himmel und zogen ihre Hosen extrem selten aus.

Wir konnten diese Praktiken nicht übernehmen. Wir hatten keine Pferde, unter freiem Himmel zu übernachten wäre wegen der niedrigen Temperaturen in Russland tödlich gewesen, und Arbeitslosigkeit wurde im Sozialismus strafrechtlich verfolgt – »Schmarotzer« kamen in den Knast. Im Sozialismus wurden Jeans überhaupt selten und wenn, dann ganz ohne Löcher produziert. Die Jeanshose »Falke« von der Fabrik »Die junge Bolschewikin« bekam ich von meinem Vater zu meinem sechzehnten Geburtstag geschenkt. Die »Falke« war aus dickem Stoff und dunkelblau gefärbt. Hinten und vorne stand »Falke« in großen Buchstaben aus Lederersatz, damit niemand sie mit einer Lee, Wrangler oder Levi's verwechseln konnte. Diese Jeans konnte in einer Zimmerecke von allein stehen, als wäre sie der halbe Mensch. Wenn ein amerikanischer Hippie, Gauner oder Cowboy zufälligerweise in einer »Falke« hereingeritten gekommen wäre, hätte er nur ein Problem gehabt: wieder aus ihr herauszukommen. Aber wir hatten keine Alternative, also versuchten wir, uns im Rahmen dieser real existierenden sozialistischen Hose schön zu machen.

Ein Freund von mir, der am gleichen Tag wie ich, nur fünf Stunden später, auf die Welt gekommen war und zum Geburtstag die gleiche Hose bekommen hatte, behauptete, er wüsste, wie man sie in einen Cowboy-kompatiblen Zustand bringen könnte. Man müsste die Hose in einer Waschmaschine zusammen mit ein paar Pflastersteinen und einem Häuflein Sand eine halbe Stunde drehen lassen. Haushaltsgeräte waren in der Sowjetunion allerdings ein rares Gut, insbesondere Waschmaschinen bekam man nicht einfach so. In unserer Klasse hatte nur die Familie eines Jungen eine Waschmaschine zu Hause. Sein Vater war Offizier bei der Staatssicherheit, so viel wussten wir. Wahrscheinlich hatte der Papa für besondere Verdienste in der Arbeit die sowjetische Waschmaschine »Fee« zugeteilt bekommen.

Der Offizierssohn erlaubte uns, in Abwesenheit der Eltern deren »Fee« zu benutzen. Gleich nach der Schule nahmen mein Freund und ich unsere Jeans, packten ein Dutzend Steine und ein Kilo Sand aus dem Sandkasten auf dem Hof dazu, gingen zu unserem Kameraden und stopften die Maschine voll. Zuerst lief alles gut. Mit einem lauten Brummen fing die Fee an, die Steine in ihrem Magen zu schleudern. Bereits nach zwei Minuten entwich ihr jedoch ein Stöhnen, und alle Lichter gingen aus. Die Fee der Staatssicherheit verabschiedete sich ziemlich unhöflich ohne ein Abschiedswort von uns – und zwar für immer, wie sich später herausstellte. Die Falken hatten die nähere Bekanntschaft mit der Maschine allerdings ohne einen Kratzer überstanden. Wir bekamen dagegen große Probleme.

Nun schaute ich mir meine Augenbrauen im Spiegel an, ob sie überhaupt so dick waren, wie meine Tochter behauptet hatte, machte ein mildes Gesicht und kehrte zu ihr zurück.

»Du möchtest also von der Kultur, deren Kind du bist, nichts wissen. Ebenso nichts von der Kultur deiner Eltern. Du fühlst dich zur afrikanischen Kultur hingezogen, obwohl du nie in Afrika warst. Eine konsequente

Entscheidung wäre für dich in diesem Zusammenhang, ganz auf die Hose zu verzichten und so dem Mainstream für immer Goodbye zu sagen. Deine Rebellion bleibt aber im Rahmen der Hose. Also bleibst du doch in unserer Kultur, solange du in der Hose bleibst.«

»Natürlich bleibe ich drin«, nickte meine Tochter. »Solange ich nicht durch ein Loch in meiner Hose durchrutsche«, meinte sie und hob dabei ihre dicken Augenbrauen.

»Dann ist ja alles gut, Kindchen«, murmelte ich und kroch in mein Jahrhundert zurück.

Der Tag des Wissens

Anders als in Deutschland gingen in meiner Heimat die Sommerferien überall am gleichen Tag zu Ende. Man hatte den 31. August offiziell zum letzten Sommertag erklärt und den 1. September, auch als »Tag des Wissens« bekannt, zum ersten Schultag. Millionen Schüler wurden aus ihren süßen Träumen, aus ihren Betten gerissen, in hässliche graublaue Uniformen gesteckt und in die Horte des Wissens geschickt. Dabei hatten sich die meisten in den drei Sommermonaten so sehr von der Unterrichtsfolter entwöhnt. Sie fühlten sich bereits als vollwertige Menschen, hatten nachts Lagerfeuer entzündet, tagsüber Tischtennis bis zum Umfallen gespielt oder waren angeln gegangen. Plötzlich wurde ihnen die Freiheit, weiter als Erwachsene zu leben, wieder genommen, und sie mussten zurück auf die Schulbank.

Mir kam der erste Schultag jedes Mal wie das Jüngste Gericht vor, wie die letzte Mahnung, die stille Tragödie des Lebens, die uns unsere hoffnungslose Situation klarmachte: Alles ist irgendwann zu Ende, selbst die schönsten Ferien. Ich erinnere mich gut, wie ich zum ersten Mal im Jahr 1985 am 1. September aufwachte und mir langsam ins Bewusstsein drang: Es ist der »Tag des Wissens«, ich muss aber nicht mehr zur Schule. Gute Laune für die ganze Woche war mir sicher. Normalerweise begann bei uns jedes Schuljahr damit, dass wir Kontrollarbeiten und -diktate schrieben. Die Lehrer wollten prüfen, ob wir irgendeinen Rest Wissen durch den Sommer hindurch behalten oder doch alles vergessen hatten, was uns je beigebracht worden war. Am Ende der Woche wussten wir dann mit Sicherheit, dass wir nichts mehr wussten, und der Unterricht begann aufs Neue.

Warum eigentlich hat man nur den 1. September zum »Tag des Wissens« erklärt? In der Schule ist jeder Tag ein Tag des Wissens. Die Sowjetunion, ein an Festen reiches Land, hatte fast jeden zweiten Tag einen Grund zum Feiern, doch all diese Feste schienen der Regierung nicht schwerwiegend genug, um dafür einen Tag schulfrei zu bekommen. Sogar am Internationalen Frauentag und am Tag der Sowjetischen Armee mussten wir lernen. Nur wenn jemand aus dem Politbüro starb, fiel der Unterricht aus. Wir wurden in der Aula versammelt und zur kollektiven Trauer aufgerufen. Nach zwanzig Minuten durfte man dann nach Hause gehen.

Diese Todesfälle waren beinahe die einzigen Anlässe im Land, zu denen man schulfrei bekam. In den Achtzigerjahren, als mehrere Generalsekretäre in kurzen Abständen nacheinander starben, hätte es zusammengezählt sogar für eine Art zusätzliche Winterferien gereicht. Dafür mussten aber wie gesagt mindestens drei Generalsekretäre nacheinander das Zeitliche segnen. Wir hätten nie freibekommen, wenn sie am Leben geblieben wären.

In Portugal, so erzählte mir meine portugiesische Übersetzerin, bekamen die Kinder 1974 wegen der Revolution gleich fünf Monate Sommerferien. Allein schon dadurch hätte sich für sie die Revolution gelohnt, meinte sie. In Griechenland sind wegen des Lehrerstreiks innerhalb eines Jahres zusätzliche Winterferien entstanden, allerdings nicht überall im Land. In manchen Regionen schickte der Staat Rentner für ein Kleingeld als Erziehungs-Streikbrecher in die Schulen. In Japan haben die Kinder beim letzten großen Erdbeben und dem Tsunami, der mehrere Atomreaktoren beschädigte, nicht einmal einen einzigen freien Tag bekommen. Die japanischen Lehrpläne sind sehr anspruchsvoll. Ich glaube, selbst wenn ganz Japan untergeht, werden die Schüler noch bis zum Hals im Wasser sitzend fleißig weiterlernen müssen.

Die Russen waren in Sachen Ferienbeschaffung nur einmal radikal, gleich nach der Großen Oktoberrevolution. Damals verwarfen die Bolschewiken das meiste Wissen als veraltet und imperialistisch. Sie zweifelten sogar viele chemische und physikalische Naturgesetze an und schafften die Rechtschreibung ab. Jeder durfte schreiben, wie er es für richtig hielt, und jeder, der über ein wenig praktisches Wissen verfügte, war verpflichtet, dieses mit anderen zu teilen und in Form von Schulungen oder im Tausch gegen anderes Wissen weiterzugeben. Nach der Revolution nahmen die Russen eine neue Welt ins Visier. Sie hatten keine genaue Vorstellung davon, wie sie sein sollte, dafür wussten sie genau, wie sie nicht sein sollte. Sie wussten, dass sie nichts wussten.

In der heutigen Welt wird Wissen pragmatisch behandelt. Schon in der siebten Klasse werden die Kinder im Deutschunterricht getrimmt, Bewerbungen zu schreiben. Es wird von ihnen verlangt, von einer Karriere als Kaufmann bzw. -frau zu träumen. In Russland stagniert derzeit die Bildung, in den meisten Fächern wird das Wissen nach Art von Kreuzworträtseln angeboten. Die Hoffnung, dass die Wissenschaft uns weiterbringt, ist fast erloschen.

Früher gab es in meiner Heimat jede Menge Wissenschafts- und Akademikerstädtchen – Symbiosen aus einer Hochschule für Hochbegabte, einem Forschungslabor und einem Reaktor. Alles natürlich streng gesichert und das meiste unterirdisch. Diese Wissenschaftsstädtchen waren aus Gründen der Geheimhaltung auf keiner Karte verzeichnet und hatten merkwürdige Namen, die sich wie Codewörter oder Titel von Science-Fiction-Romanen anhörten: »Bobrujsk 25«, »Tscheljabinsk 6« und »Tscheljabinsk 42«. Nicht nur für Ausländer blieben sie unerreichbar, auch sowjetische Bürger brauchten eine spezielle Erlaubnis, wenn sie ihre wissenschaftlichen Verwandten dort besuchen wollten. Die Bewohner der Wissenschaftsstädtchen hatten eine bessere Infrastruktur und eine bessere Lebensmittelversorgung, man konnte in den Kaufhäusern dieser Geheimstädtchen sogar ausländische Qualitätsware finden. Die Wissenschaftler und ihre Familien trugen bessere Kleidung, und dementsprechend sahen sie auch besser aus als der unwissenschaftliche Rest des Landes. Nicht zuletzt deswegen und natürlich wegen der Neugierde weckenden Geheimniskrämerei genoss die Wissenschaft in der Sowjetunion einen besonders hohen Stellenwert. Die Hoffnung des Landes auf eine ruhmreiche Zukunft ruhte auf den schmalen Schultern der Physiker, nicht der Lyriker, ganz zu schweigen von den Politikern.

Wenn ich mich richtig erinnere, stand unsere sowjetische Wissenschaft die ganze Zeit kurz vor einem großen Durchbruch. Ob in den Weiten des Kosmos oder in den Tiefen des Ozeans, wir lagen forschungsmäßig immer vorne. In den Fernsehnachrichten wurde jeden Tag von neuen Entdeckungen berichtet. Die Erwachsenen schauten sich gerne die Wissenschaftssendung von Professor Kapiza mit dem lustigen Titel »Sehen Sie selbst und trauen Sie Ihren Augen nicht« an. Ein ähnliches Fernseh- und Kinoformat für Kinder hieß »Will alles wissen«. Die Serie wurde statt Werbung vor Beginn eines Spielfilms gezeigt. Jede Folge begann damit, dass ein Pionier auf einer Rakete neben einer großen Walnuss anhielt. Er stieg aus und holte einen riesigen Hammer aus der Hosentasche, obwohl ein solches Werkzeug unmöglich in seine kleine Hosentasche passen konnte, es sei denn, der Anzug wäre um den Hammer herumgenäht worden. Aber wir dachten damals nicht darüber nach. Sodann sprach der Pionier mit einer hohen Frauenstimme: »Hart ist die Nuss des Wissens, doch sie zu knacken hilft uns das Magazin ›Will alles wissen‹.« Währenddessen hämmerte er drei Mal mit voller Kraft auf die Nuss ein, die schließlich aufsprang. Sie war leer.

Die Physiker haben den Sozialismus nicht gerettet. Während der Perestroika gingen viele Wissenschaftler ins Ausland, andere mussten schnell neue kapitalismustaugliche Berufe erlernen. In meinem Kopf wedelt der Pionier aber noch immer mit dem Hammer. Die Nuss des Wissens war zu hart für uns, wir wissen, dass wir nichts wissen. Wir sehnen uns nach Sommerferien, am besten das ganze Jahr lang.

Romeo & Julia 2.0

Man weiß es noch von Shakespeare, die Liebe ist nicht nur Spaß, sie ist ein Kampf gegen die ganze Welt. Früher mussten die Liebenden gegen gut gemeinte Ratschläge ihrer Eltern, gegen Vorurteile und Klischees der Familien, gegen die Häme und Intoleranz der Außenwelt ankämpfen. Jetzt sind es nicht selten Telefongesellschaften, die sich zwischen zwei brennende Herzen stellen. Früher fragten die Eltern eines Jungen, welche Religion die Familie seiner Freundin hat, heute sollten sie fragen, welchen Telefonanbieter sie hat.

Ich bin beinahe vom Stuhl gefallen, als ich neulich unsere Telefonrechnung sah. Dabei bin ich nicht leicht vom Stuhl zu kriegen. Ich weiß, diese Rechnung ist bei uns nie klein. Alle, außer den Katzen, haben ihr eigenes Telefon, und die Familie hat viele Gespräche zu führen. Meine Frau ruft beispielsweise oft im Kaukasus an, sie muss wissen, ob der Mann der einen Cousine endlich zurück, der Mann der anderen endlich fort ist. Sie

71

muss wissen, wie die Tomaten dieses Jahr geraten sind und aus welchem Grund der Pflaumenbaum neben der Garage abgesägt werden musste. Meine Mutter bekommt von ihrer Schwester in Moskau alle neuen russischen Fernsehserien nacherzählt, die sie in Deutschland nicht sehen kann. Die Kinder erledigen mit ihren Schulkameraden die Hausaufgaben oft über Handy, in einer Art Telefonkonferenz, damit sie am nächsten Tag in der Schule nichts Falsches voneinander abschreiben.

Die Telefonrechnungen sind bei uns daher traditionell hoch. Aber doch nicht so hoch! Ich studierte die neue Rechnung und fand heraus, dass 90% aller Kosten auf die Nummer meines vierzehnjährigen Sohnes zurückzuführen waren und zwar auf Gespräche mit einer Nummer »Unbekannt« bei E-Plus. Diese Nummer wählte er wochenlang jedes Mal nach Mitternacht und hatte dann jemanden drei Stunden lang an der Strippe.

»Gratuliere, das ist die Liebe!«, sagte meine Mutter.

»Das ist eine ganz große Liebe«, meinte meine Frau.

Doch die ganz große Liebe hatten wir schon vor ein paar Monaten, ihr Anbieter war aber Vodafone. Ich war extra damals zum Telefonladen gelaufen und hatte eine Flatrate von Vodafone gekauft. Mein Sohn erwiderte auf meine Vorhaltungen, er wisse überhaupt nicht, was wir meinten und wer das sein solle. Das könnte jeder Freund oder jede Freundin sein, Peter zum Beispiel.

»Peter ist aber bei O_2 und mit seinem Namen ins Adressbuch eingetragen. Bei der geheimnisvollen Nummer steht jedoch ›Unbekannt‹, also kann das kein Peter sein. Hältst du mich für blöd?«, fragte ich rhetorisch. »Willst du mir im Ernst weismachen, du weißt nicht, mit wem du jede Nacht drei Stunden telefonierst? Mein lieber Sohn, ich möchte mich nicht in deine privaten Angelegenheiten einmischen, ich will nur eins wissen: Ist es wirklich eine große Liebe bei E-Plus, und wie nachhaltig ist sie? Soll ich wieder zum Telefonshop rennen und die Jungs dort zum Lachen bringen: ›Die Liebe hat jetzt den Anbieter gewechselt, bitte eine Flatrate für E-Plus statt für Vodafone‹?«

Mein Sohn überlegte.

»Das ist zum heutigen Zeitpunkt schwer zu sagen«, meinte er, denn es gehe dabei um Gefühle, und Gefühle seien nicht planbar. Er wolle für alle Fälle eine Flatrate für alle Netze.

»Du spielst mit dem Feuer«, sagte ich. »In der Liebe kann es keine derartige Flatrate geben, du musst eine Entscheidung treffen. Die Liebe zu Unbekannt auf E-Plus muss halten. Mindestens bis Ende 2014. Dann läuft dein Vertrag aus, und du kannst günstig eine Flatrate für alle Netze beantragen. Bis dahin hoffe ich sehr, dass die Liebe hält. Ich bin es nämlich leid, jede Woche zum Telefonshop zu laufen und mich von den Jungs auslachen zu lassen.«

Mein Sohn zog sich geordnet in sein Zimmer zurück.

»Wie heißt denn ›Unbekannt‹ eigentlich richtig – mit Vornamen?«, rief ich ihm hinterher.

»Ich habe keine Ahnung, wovon du redest«, sagte seine geschlossene Tür.

Die Asche unserer Zigaretten auf dem Fest der Eidechsen oder: Enttäuscht für immer

Seit meiner Geburt muss ich mir anhören, was zu tun ist. Es wird viel von Menschenrechten und Menschenpflichten gesprochen. In der Regel handelt es sich dabei um spekulative, schwammige und imaginäre Werte. Auch Sterblichkeit und Freiheit schließen einander aus. Freie Menschen müssten nicht sterben. Wir schon. Von der Gleichheit fehlt ebenfalls jede Spur, sonst wären wir alle in dieselbe Frau verliebt, hätten dasselbe Bild gemalt und dasselbe Gedicht geschrieben. Mir haben in meinem kurzen Leben bis jetzt nur zwei Pflichten und ein Recht eingeleuchtet: Wir sind verpflichtet, der nachkommenden Generation etwas Schwung zu geben und die vorherige anständig zu verabschieden. Dabei haben wir das Recht zu schweigen, zu fluchen oder zu dichten. Mein Lieblingsdichter sagte einmal, erlaubte Gedichte seien Müll, echte Poesie sei geklaute Luft.

In der sowjetischen Schule mussten wir viele Gedichte auswendig lernen, jede Woche kam ein neues dazu. Es handelte sich dabei selbstverständlich um erlaubte Poesie. Einmal sollten wir im Unterricht unsere Lieblingsgedichte präsentieren. Die Angepassten hatten, um der Lehrerin zu gefallen, das Poem »Was ist gut, und was ist schlecht« von Majakowski auswendig gelernt:

> *Kleiner Junge kam zu Papa:*
> *Kläre mich bitte auf:*
> *Was ist gut, und was ist schlecht?*
> *Selbst komme ich nicht drauf.*

Mich und meine Freunde kotzte der kleine Junge an und noch mehr sein Papa, der natürlich alles wusste. Wir brachten eine andere Poesie mit zum Unterricht, echte, wahre Poesie. Zumindest schien sie uns damals echt und wahr zu sein. Es war ein Text meiner Lieblingsband, der coolsten Band in der ganzen Sowjetunion. Sie bestand aus einem Geiger, einem Flötenspieler, einem Sänger und einem Schlagzeuger. Der Geiger hatte lange Haare, die ihm während des Konzerts in der Geige hängen blieben, der Flötenspieler hatte Pickel, der Schlagzeuger war ein Kahlkopf mit dem Gesichtsausdruck eines Massenmörders. Der Sänger färbte sich die Haare rot und rollte wie ein Würstchen über die Bühne.

»Du kannst gehen, wohin du willst«, schrie er,
»runterfallen und wieder wie ein Stern aufgehen!
Doch die Asche deiner Zigaretten ist die Asche
    der Imperien,
die du verpasstest.
Die Stimmen der Götter, die an dich glauben,
klingen noch immer, obwohl du sie kaum hörst.
Und mit jedem deiner Schritte
kommt der Himmel ein Stückchen näher!«

Wir zeigten unserer Lehrerin dieses richtige Gedicht
und fragten, ob ihr selbst beim Vergleich der beiden
Werke der kleine Junge aus dem Lehrbuch nicht etwas
blöd vorkäme?

»Es tut mir sehr leid«, sagte die Lehrerin zu mir, »dass
du, Wladimir, ein Junge aus gutem Hause, von intelligen-
ten, gar nicht so dummen Eltern, dich mit solchem pseu-
dotiefsinnigem Schnickschnack anfreundest, statt der
Stimme des wahrhaftigen Helden der Revolution, dem
Dichter Wladimir Majakowski, dein Herz zu öffnen.«

Ich schüttelte nur verständnislos den Kopf. Jeder
blieb bei seiner Meinung. Inzwischen existiert die Band
meiner Jugend nicht mehr. Zuerst starb der Geiger, später soff sich der pickelige Flötenspieler zu Tode. Und
vor einiger Zeit, mitten auf einer Silvesterparty, verabschiedete sich auch der Schlagzeuger. Er war immerhin
67 Jahre alt geworden, dreißig Jahre älter als Majakow-

ski. Der Sänger lebt noch und singt sogar weiter. Seit man ihm aber einen Herzschrittmacher eingepflanzt hat und er nicht mehr wie ein Würstchen über die Bühne rollen kann, verstehe ich seine Poesie nicht mehr.

In der Schule meiner Tochter wird Lyrik im Deutschunterricht behandelt. Natürlich bei weitem nicht so intensiv wie an unserer sowjetischen Schule, aber immerhin regelmäßig. Die Deutschlehrerinnen bleiben allerdings nie lange an einem Ort. Wie Zigeuner ziehen sie immer weiter oder fliegen wie die Wildgänse jedes Jahr im Winter nach Afrika, auf jeden Fall hat Nicoles Klasse fast immer im Winter eine Vertretung. Meine Tochter hatte es bis jetzt mit drei Deutschlehrerinnen zu tun. Die erste war eine Pedantin, trocken und konservativ wie ein Butterkeks. Sie hielt es für das Wichtigste in der Poesie, dass sich alles reimte, daher zwang sie die Kinder, den berühmt-berüchtigten »Zauberlehrling« auswendig zu lernen und dann vor der Klasse als eine Art Zungenbrecher schnell nachzuerzählen.

> *Walle! walle*
> *Manche Strecke,*
> *dass, zum Zwecke,*
> *Wasser fließe*
> *und mit reichem, vollem Schwalle*
> *zu dem Bade sich ergieße.*

Wer es unter zwölf Sekunden schaffte, das ganze Gedicht aufzusagen, ohne sich zu verhaspeln, bekam eine Eins. Die zweite Lehrerin war liberal und launisch wie Ziegenkäse. Sie befragte die Klasse, was die moderne Jugend heute am liebsten hörte. Die windige Jugend, die bekanntermaßen ihren Geschmack mit jeder Jahreszeit wieder ändert, schwor gerade auf Peter Fox, den Sänger einer halb-poppigen Rapband. Die liberale Lehrerin hatte sofort einen Berlin-Rap als Vorlage zum Verständnis der literarischen Stilmittel parat. Ihrer tiefsten Überzeugung nach ging nichts in der Poesie ohne anständige literarische Stilmittel, und nur wer diese kannte, konnte Lyrik richtig verstehen. Die Schüler erfuhren, dass der Satz »Berlin, du kannst so hässlich sein, so dreckig und grau« eine Personifikation bedeutete, dass »Atzen rotzen in die Gegend, benehmen sich daneben« eine rhetorische Figur sei, ein Homoioteleuton – was ein so schwieriges Wort war, dass die Schüler es in Homotelefon umbenannten, so konnten sie es sich leichter merken. »Überall liegt Scheiße, man muss eigentlich schweben«, sang Peter Fox weiter – eine Hyperbel nach Meinung der Lehrerin, eine starke Übertreibung, in diesem Fall sogar eine doppelte. Denn es liegt in Berlin nicht überall Scheiße, und Peter Fox kann gar nicht schweben. »Die rote Suppe tropft auf den Asphalt« war ein Euphemismus, die Umschreibung eines negativen Sachverhalts mit beschönigenden

Worten, gleichzeitig eine Metapher – wenn man das eine meint und das andere sagt.

Es wurde Winter, der Ziegenkäse flog weiter, und es kam eine Dritte. Und die dritte Lehrerin sagte: »Bringt mir euer Lieblingsgedicht, ich möchte wissen, was in euren Köpfen vor sich geht.«

Drei Viertel aller Schüler kamen mit Tucholsky, »Augen in der Großstadt«, ohne sich abgesprochen zu haben. Kein Wunder, denn dieses Gedicht steht im Deutschlehrbuch als Beispiel für gute Poesie, und wenn man in eine Internetsuchmaschine eintippt »Welches Gedicht soll ich meiner Deutschlehrerin bringen, damit sie mich in Ruhe lässt«, kommt – drei Mal darf man raten, was. Die ganze Klasse handelte vernünftig, nur meine Tochter brachte ein Gedicht ihres Lieblingssängers Jim Morrison mit: »Das Fest der Eidechse«, das sie zu diesem Anlass extra ins Deutsche übersetzt hatte:

> *Sind alle drin?*
> *Die Zeremonie wird gleich beginnen.*
> *Wach auf!*
> *Du kannst Dich nicht erinnern, wo es war.*
> *Hat dieser Traum aufgehört?*
> *Die Schlange war hellgolden glänzend und gekrümmt.*
> *Wir hatten Angst, sie anzufassen.*
> *Die Laken waren wie heiße tote Gefängnisse.*
> *Sie war hinter mir, alt, sie ist nicht jung.*

Ihr dunkles rotes Haar.
Die weiße samtige Haut.
Jetzt, renn zum Spiegel im Bad, schau!
Sie kommt da heraus.
Ich lasse meine Wange
Auf der kühlen weichen Fliese abrutschen.
Fühle das gute kalte Blut.
Das sanfte Schlangengezische des Regens.
Einmal hatte ich ein kleines Spiel.
Ich mochte es, im eigenen Gehirn herumzukriechen.
Ich denke, du kennst das Spiel, das ich meine,
das Spiel des › Verrückt-Werdens ‹.

»Es tut mir leid für dich«, sagte die Lehrerin. »Es tut mir sehr leid, dass du dich trotz deiner literarischen Eltern, deiner Leselust und deiner vielfältigen Möglichkeiten, die Welt kennenzulernen, diesem abgedroschenen drogensüchtigen Hippie-Quark hingibst, statt etwas wirklich Schönes fürs Leben zu entdecken. Tucholsky zum Beispiel. Ich bin enttäuscht für immer«, sagte die dritte Lehrerin – zumindest sinngemäß, berichtete meine Tochter.

Eine Note gab es dafür nicht.

Wozu brauchen wir reiche Menschen?

Merkwürdig: Das vornehme Berliner Sprachgymnasium meiner Kinder ist viel antikapitalistischer, als es meine sowjetische Schule jemals war. Dabei war Kapitalismus-kritik ein Grundstein unserer Bildung. In meiner sowjetischen Schule hat man selbstverständlich über den Kapitalismus geschimpft und seine menschenverachtenden Seiten hervorgehoben, die Armut und die Arbeitslosigkeit, die Ausbeutung und die Spekulation, alles, was es bei uns nicht gab.

Heimlich aber hatten wir den Kapitalismus geliebt. Natürlich nicht wegen der Armut und der Spekulation, sondern für all die anderen Dinge, die es bei uns ebenfalls nicht gab: für Ozzy-Osbourne- und Van-Halen-Platten, für die nackten großbusigen Blondinen, die uns von schlecht in Schwarzweiß abfotografierten Playboy-Seiten anlächelten, für den pfiffigen Kaugummi und die geölten Muckis von Arnold Schwarzenegger. Es schien meiner Generation daher ein Leichtes zu sein, den richtigen Weg für die Zukunft zu finden. Man musste nur alles Gute vom Kapitalismus in unsere sozialistische Realität einbauen und alles Schlechte links liegen lassen. Sie wollten aber wie ein falsches Paar einfach nicht zusammenpassen. Anscheinend sind Gut und Böse im westlichen Kapitalismus und im damaligen Sozialismus dermaßen stark miteinander verschmolzen, dass das eine ohne das andere nicht zu haben ist. Dafür musste der Sozialismus mit dem Leben bezahlen, aber auch den Kapitalismus wird man bald begraben. Zumindest wenn er weiter so in der Kritik steht wie im Ethikunterricht einer typischen deutschen Schule des 21. Jahrhunderts.

In diesem Unterricht werden alle Probleme aus der Sicht einer sogenannten »Gesellschaft« betrachtet und aus deren Sicht gewogen, bevor man entscheidet, ob es gut oder schlecht ist. Neben den sozialen Problemen des Zusammenlebens und der Multisexualität, neben Diskussionsrunden wie »Wozu brauchen wir alte Menschen?« und »Wie sieht ein typischer Deutscher heute aus?« wird im Unterricht fleißig der Untergang des Kapitalismus beschworen. Erst kürzlich, ich war gerade auf einer Lesereise, rief mich meine Tochter unterwegs an und fragte, ob ich ihr bei den Ethikhausaufgaben helfen könnte. Sie hatten im Unterricht eine Diskussionsrunde über die Grundzüge der kapitalistischen Wirtschaftsordnung vorbereitet, dazu sollte die Klasse

sich in Kapitalisten und Sozialisten aufteilen, in Arbeit-
nehmer und Arbeitgeber, in Reich und Arm. Allerdings
wollte niemand ein reicher Kapitalist werden, und
alle hatten das gegnerische Lager gewählt. Nur meine
Tochter hatte nicht richtig aufgepasst und musste beinahe ganz allein reich und kapitalistisch agieren. Jetzt
brauchte sie dringend Argumente, warum persönlicher
Reichtum gut für die Gesellschaft sein könnte. Außerdem sollte die Klasse ein Zitat von Kennedy deuten:
dass steigende Gezeiten alle Schiffe heben. Ob das
noch zeitgemäß wäre. Was hatte Kennedy bloß damit
gemeint?

Darüber konnte ich meine Tochter schnell aufklären.
Noch vor Kurzem hatte ich mich selbst gewundert, als
mitten in der Wirtschaftskrise die Nachricht über re-
kordverdächtige Jahresgewinne der Deutschen Bank
auf den Titelseiten aller Zeitungen für Freude bei den
Lesern sorgen sollte. Es wirkte eigenartig. Warum sollte
ich mich darüber freuen, dass irgendeine Bank in einer
Welt voller Hunger und Not große Gewinne machte?
Soll sich doch die Bank darüber freuen, aber nicht ich.
Außerdem hat sie dieses Geld nicht produktiv erwirt-
schaftet, sondern jemandem abgenommen, der es vielleicht viel dringender gebraucht hätte. Ich konnte die
Gründe für diese Freude nicht nachvollziehen. Früher, erklärten mir meine Freunde, die ebenfalls Zeitungen lesen, hieß es, wenn ein Unternehmen große Ge-

winne macht, schafft es neue Arbeitsplätze, die andere Menschen, die nicht bei der Bank arbeiten, wenn schon nicht reich, dann zumindest wohlhabender machen. Heute, wo das meiste gewonnene Geld aus Spekulationen stammt, stimmt der Satz von Kennedy nicht mehr. Steigende Gezeiten überfluten blöß die Landschaften, und alle Schiffe gehen unter. Wozu die Reichen gut sein sollen, haben wir ebenfalls schon mal vorläufig geklärt. Hauptsächlich, um Steuern zu zahlen, damit Schulen gebaut, Ethikbücher gedruckt und Lehrer ausgebildet werden können, damit die Gesellschaft weiter im Warmen diskutieren kann.

Jack Daniel's ist sein zweiter Vorname

Ein Freund, der am Institut für Deutsche Sprache arbeitet, erzählte mir neulich, wie er werdende Eltern am Telefon darüber aufklärt, warum sie ihren Kindern den einen oder anderen ausgefallenen Namen nicht geben dürfen. Aber vor allem Väter verweigern sich oft hartnäckig dieser Aufklärung. Manche wollen ihren Sohn »Lenin« nennen, manche bestehen darauf, dass ihre Tochter »Lady Di« heißen soll. Ein werdender Vater rief unlängst an und erzählte, er habe lange nach einem Männernamen gesucht, der Sicherheit und Kraft ausstrahlte, das herkömmliche deutsche Namensregister gab jedoch nichts Passendes her – außer Helmut. Und Helmut als Name sei zu gebräuchlich, zudem aus der Mode geraten, deswegen solle sein Sohn nun »Beton« heißen. Im Namen des Instituts für Deutsche Sprache erteilte mein Freund dem Vater eine Absage, unter dem Vorwand, der Name sei nicht im Namensregister eingetragen.

»Aber es gibt doch historische Beispiele für solche und ähnliche Namen, die Kraft und Sicherheit ausstrahlen!«, gab der werdende Betonvater nicht auf. »Zum Beispiel Stalin.«

Mein Freund schüttelte nur den Kopf. In Amerika soll es noch schlimmer sein, erzählte er mir. Dort wollen viele im Namen ihrer Kinder etwas verewigen, was ihnen besonders lieb und teuer ist, zum Beispiel ihren Lieblings-Whiskey. Sie nennen ihre Kinder Jim Beam oder Jack Daniel's, und jeder Quatsch ist im dortigen Namensregister eingetragen.

»Wie verrückt muss man denn sein, um den eigenen Kindern so etwas anzutun?«, fragte mein Freund rhetorisch.

Ich nickte während seiner Erzählung verständnisvoll und dachte dabei über meinen eigenen Sohn nach, der sich während der letzten Schulferien in der Tat Jack Daniel's als zweiten Vornamen verdient hatte. Die Schulferien sind eine Verführung sondergleichen. Ich bin fest davon überzeugt, wenn Kinder Schulferien haben, müssen ihre Eltern ebenfalls freibekommen. Alles andere wird die Generationen nur noch weiter auseinanderbringen. Denn Kinder, die ohne Eltern feiern, geraten ganz sicher auf die schiefe Bahn, und die Eltern können sich währenddessen sowieso nicht auf ihre Arbeit konzentrieren. Sie denken ständig daran, was ihre Kinder wohl gerade machen und wo sie im Augenblick stecken. Wir haben deswegen in den letzten Ferien unsere Kinder auf die Arbeit und überallhin mitgeschleppt, auf alle Veranstaltungen, Empfänge und Partys, die wir zu absolvieren hatten. Die armen Kleinen mussten auch mehrere Russendiskos durchstehen, wo ihre Eltern beruflich den DJ gaben. Unsere Arbeit besteht nun einmal darin, andere Leute zu unterhalten.

Natürlich haben die Kinder diese schwere und gesundheitsschädigende Arbeit nicht als solche erkannt. Sie lernten unsere Welt von der falschen Seite kennen und fragten mich, ob es nach allem, was sie nun über das Erwachsenenleben wüssten, wirklich noch einen Sinn habe, in die Schule zu gehen, wenn man danach als Erwachsener sowieso nur noch Alkohol trank und dazu tanzte. Dabei wird bei uns in der Familie ständig über die Wichtigkeit von Bildung und Schule gesprochen. Die Kinder bezichtigten uns prompt der Doppelmoral und meinten, dass wir nur feierten, während sie im Mathe- und Physik-Unterricht ackern müssten.

Dieses Erwachsenenleben hatte den Kindern so gut gefallen, dass sie am liebsten gleich ihre Kindheit überspringen und ein richtiges Leben führen wollten, als Partylöwen zum Beispiel. Das Einzige, was ihnen nicht gefallen hatte, war, dass die Erwachsenen nicht einfach aus einer Laune heraus lustig wurden, sondern dafür ständig alkoholische Getränke zu sich nehmen mussten. Oft nahmen sie zu viel davon, verloren das

Gleichgewicht, wurden traurig oder schliefen ein. Meinem Sohn taten diese Menschen leid, die ohne chemische Substanzen nicht tanzen, nicht feiern, nicht einmal miteinander reden konnten. Er wollte das Zeug nie im Leben probieren und trank auf der Buchmesse bei einer Verlagsparty nur alkoholfreie Cocktails, von denen zwei auf der Karte standen: Sie hießen »Florida« und »Pussy Cat«. Beide Namen wie aus dem amerikanischen Namensregister, doch vor die Wahl gestellt, entschied sich Sebastian für das braune »Florida«. »Pussy Cat« war ihm zu rosa und klang ihm zu weiblich. Weil er sehr schnell trank, die Schlange vor der Theke aber lang war, wurde seine Wahl zu einer Qual: Er musste zwanzig Minuten anstehen und zehn Minuten auf das fertige Getränk warten, um es in dreißig Sekunden zu trinken. Deswegen schaffte er sich Vorräte an »Florida« an, und jedes Mal, wenn eine Kellnerin mit dem Getränketablett vorbeischwamm, nahm sich Sebastian gleich zwei, drei Floridas, putzte sie weg und machte weiter Witze über verklemmte erwachsene Säufer.

»Ich möchte nicht stören, aber wissen Sie eigentlich, was Ihr Sohn da trinkt?«, fragte mich die nette Kellnerin, als Sebastian erneut ihr Tablett um mehrere Floridas erleichtert hatte.

»Natürlich weiß ich das«, antwortete ich. »Das ist das kinderfreundliche Getränk ›Florida‹.«

»Nein«, entgegnete die Kellnerin, »das ist Whiskey-

Cola. Davon hat Ihr Sohn sich bereits sieben Gläser genommen.«

Ich schaute auf meinen Sohn. Sebastian erklärte gerade laut in der Runde, wie sinnlos die Schule sei, völlige Zeitverschwendung, er sah sehr nüchtern aus, freundlich und aufgeschlossen. Erst als er erfuhr, was er die ganze Zeit auf der Party getrunken hatte, fing er an, komisch zu werden. Er kicherte und sang, wollte nie mehr schlafen und behauptete, Jack Daniel's sei ab jetzt sein zweiter Vorname.

Das Jugendschutzgesetz

Meine Tochter hat den ersten Reisepass ihres Lebens bekommen, nach den neuesten Sicherheitserkenntnissen – mit einem hässlichen biometrischen Foto darin. Wir hatten vor, mit der ganzen Familie in den Ferien nach Amerika zu fliegen, und nach Amerika kommt man nicht ohne biometrisches Foto. Ich konnte die Begeisterung meiner Tochter wegen des Passes nicht nachvollziehen. Ich selbst und meine Frau, wir haben in Deutschland dreizehn Jahre lang ohne Reisepass, nur mit einem Fremdenpass gelebt, einem Aliens Passport, wie er auf dem Umschlag hieß. »Wir sind Aliens in Deutschland, uns geht nichts etwas an«, witzelten wir. Allerdings waren wir schon ältere Aliens, die lange genug auf der Erde gelebt hatten, um sich nichts aus irdischen Papieren zu machen. Meine Tochter wurde sechzehn Jahre alt, für sie begann mit dem Pass ein neues Leben, mit allen Pflichten und Freiheiten, die dazugehören.

»Jetzt bin ich sechzehn Jahre alt, ich muss Bier trinken«, sagte meine Tochter besorgt, »so will es der deutsche Gesetzgeber.«

»Wie kommst du auf diese dumme Idee?«, wunderte ich mich. »Es gibt kein Gesetz auf der Welt, das Kindern das Biertrinken vorschreibt!«

Ich lehnte das also ab.

»Die Unkenntnis der Gesetze entlässt dich nicht aus der Verantwortung«, konterte meine Tochter. »Mit sechzehn bin ich kein Kind mehr, diese Bezeichnung kann unter Umständen sogar als Beleidigung und Verletzung meiner Privatsphäre aufgefasst werden. Im Jugendschutzgesetz steht ganz klar, dass die Jugend ab sechzehn Jahren Zugang zu Bier, Wein, Sekt und oder Mixgetränken aus den oben genannten Flüssigkeiten haben muss. Das Gleiche betrifft meine Rauchaktivitäten«, behauptete sie.

Ich glaubte ihr kein Wort. Andererseits ist die deutsche Gesetzgebung dafür bekannt, alles regeln zu wollen, und manchmal übertreibt sie mit ihren Vorschriften etwas. Deswegen sagte ich zu meiner lieben Tochter:

»Normalerweise sind wir gesetzestreue Bürger, doch in diesem konkreten Fall stellen wir uns gegen das Gesetz und verbieten dir, dem Jugendschutzgesetz zu folgen. Du darfst nichts trinken, vom Rauchen ganz zu schweigen. Übermorgen fahren wir nach Amerika, in ein wirklich freies Land. Da wirst du sehen, mit welcher Härte Kinder dort geschützt werden. Sie dürfen, glaube ich, erst mit 21 das Wort ›Flasche‹ überhaupt aussprechen. In vielen Bundesstaaten werden Kinder bis ins Rentenalter von Alkohol und Tabak ferngehalten. Und selbst dann brauchen sie eine Bescheinigung vom Arzt, um eine Flasche Bier kaufen zu dürfen.«

Unsere bevorstehende Amerikareise führte uns nämlich gerade in die sogenannten trockenen Canyons. Ich war als DJ von einer Privatuniversität in Cookeville engagiert worden, um dort in der Turnhalle eine Russendisko zu veranstalten, und hatte beschlossen, die Familie mitzunehmen. Eine bessere Möglichkeit, den Kindern das prüde Amerika zu zeigen, würde es so schnell nicht mehr geben, dachte ich.

»Du darfst nichts trinken und kannst schon mal anfangen, deine Sachen zu packen, wir fliegen nämlich übermorgen nach Cookeville!«, sagte ich in Eile – ich musste zur Arbeit in unsere Berliner Disko. Dort warteten bereits einige hundert Tänzerinnen und Tänzer auf mich, die bestimmt auch darunter litten, seit ihrem sechzehnten Lebensjahr Bier mit Wein gemischt trinken zu müssen, wie es der Gesetzgeber von ihnen verlangte, und die seitdem wahrscheinlich keinen Tag trocken, dafür aber gesetzestreu geblieben waren.

Kurz vor Mitternacht bekam ich am DJ-Pult eine E-Mail von Unbekannten. Ein junges Ehepaar schrieb mir, sie hätten abends mit ihrem kleinen Kind auf einem Spielplatz in der Jablonskistraße im Sandkasten Schatzsuche gespielt und dabei einen nagelneuen Reisepass mit dem biometrischen Foto meiner Tochter gefunden – so vermuteten sie jedenfalls: Der Pass sei auf den Namen »Nicole Kaminer« ausgestellt. Was für tolle Eltern leben in der Jablonskistraße! In jeder anderen Straße hätten die Leute mit diesem Pass weiter Schatzsuche gespielt oder ihn einfach weggeschmissen, ihn im besten Fall bei der Polizei abgegeben. Die von der Jablonskistraße suchten im Internet nach dem möglichen Besitzer. Zum Glück gibt es nicht viele Kaminers in Berlin, sie fanden mich und schickten mir die E-Mail. Ob die im Pass abgebildete Nicole Kaminer meine Tochter wäre, fragten sie. Falls wir den Pass bräuchten, sollten wir uns schnell bei ihnen melden, denn am nächsten Tag würden sie in Urlaub fliegen.

Ich rief zu Hause an, wo die Suche nach dem Pass bereits in vollem Gang war. Unsere ganze Amerikareise stand auf der Kippe: Ohne Pass konnte Nicole nicht mitkommen, und sie in Berlin allein zurückzulassen konnten wir uns angesichts der Auflagen des Jugendschutzgesetzes auch nicht erlauben. Die Nachricht, dass ihr Pass in einem Sandkasten in der Jablonskistraße gefunden worden war, ziemlich weit weg von uns, überraschte meine Tochter in keinster Weise. Sie war den weiten Weg dorthin gegangen, weil sich dort angeblich der Spätverkauf befand, in dem die frischgebackenen Sechzehnjährigen aus ihrer Klasse sich ihr erstes Bier besorgten. Den Pass hatte sie mitgenommen, um bei dem Verkäufer anzugeben, falls er ihre kaum zu übersehende Reife nicht gleich mit bloßem Auge erkennen würde.

Ich leitete die Mail von den Gutmenschen aus der Jablonskistraße an Nicole weiter, sie sollte sich beeilen und den Pass zurückerobern. Die Tänzerinnen und Tänzer in meiner Disko wunderten sich, warum ihr DJ, statt lustig aufzulegen, ständig telefonierte, mit seinem Smartphone herumwurschtelte und ein Gesicht machte, als hätte ihm gerade ein großer Vogel auf den Kopf gekackt. Dabei ging es mir gut, mir tat es nur um unsere Amerikareise leid, die plötzlich gefährdet war. Ich hatte für vier Personen Flugtickets gekauft und mich unsäglichen Demütigungen in der amerikanischen Botschaft unterziehen müssen. Die Einreiseregeln in die USA haben sich seit dem Attentat von 2001 noch einmal enorm verschärft. Es werden inzwischen nicht nur Finger-, sondern auch Zehenabdrücke möglicher Besucher genommen. Wenn ausländische Studenten länger als zwei Tage an der Uni fehlen, müssen die Professoren sie bei der Landessicherheitsbehörde melden. Und jedem wird bei der Einreise sehr genau in den Hintern gekuckt.

Meine Russendisko in Amerika galt als Geschäftsreise. Um sie zu ermöglichen, musste ich daher ein sogenanntes B-1 Visum für »Business Visitors« beantragen, eine leidige Prozedur, die mir viel Zeit geraubt und mich viel Geld gekostet hatte. Man musste endlos Zettel ausfüllen, auf Hunderte von Fragen antworten und eine Menge Bescheinigungen besorgen. Am Ende bekam ich einen Interviewtermin auf dem amerikanischen Konsulat. Ein gut gelaunter, ständig lachender Rothaariger amüsierte sich über den Zweck meiner Reise.

»Sie fahren nach Amerika, um eine Tanzveranstaltung zu machen? Was ist eine Russendisko?«, fragte er mich.

»Das ist, wenn in einem dunklen Raum russische Musik gespielt wird und alle wie wild herumspringen«, antwortete ich wahrheitsgemäß.

»Und dann?«, fragte mich der Beamte interessiert.

»Dann, wenn sie fertig getanzt haben, gehen sie nach Hause«, murmelte ich.

»Und Sie? Gehen Sie auch nach Hause? Oder haben Sie vor, in Amerika zu bleiben?«, hakte der Beamte nach.

Ich verneinte entschlossen. Die Amerikaner, die ihr Land sehr schätzen, denken automatisch, dass die ganze Welt nur davon träumt, nach Amerika auszuwandern und jeder vernünftige Mensch, der einmal die amerikanische Grenze überquert hat, das Land nie mehr verlassen will. Der Rothaarige dachte, er hätte meinen teuflischen Plan durchschaut: Erst hatte ich in der Sowjetunion zwanzig Jahre gewartet, bis in Berlin die Mauer fiel, dann war ich dorthin gefahren, um Deutsch zu lernen, ein Buch mit dem Titel »Russendisko« zu schreiben, das auch ins Englische übersetzt wurde, und musste daraufhin nur noch auf eine Einladung aus Amerika warten, um mit der ganzen Sippe nach Cookeville auszuwandern. Ein perfekter Plan.

»Nein«, sagte ich, »ich habe nicht vor, in Amerika zu bleiben. Ich habe zwei Katzen in Berlin, die ich sehr mag. Wenn die Russendisko zu Ende ist, gehe ich wieder nach Hause, zurück nach Berlin.«

»Abgemacht«, sagte der Beamte, und ich bekam das Arbeitsvisum.

Und jetzt stand mein perfekter Auswanderungsplan trotzdem auf der Kippe. Wer hätte gedacht, dass meine Tochter ihr erstes Bier einen Tag vor der Abreise nach Amerika in einem Sandkasten auf dem Spielplatz genießen und dabei ihren Pass verlieren würde? Niemand hätte das voraussehen können. Die Geschichte ging aber gut aus, Nicole holte rechtzeitig ihren Pass, und wir flogen pünktlich ab.

Unser Amerikaaufenthalt war jedoch weniger spannend als die Vorbereitungen darauf. Am ersten Tag in Cookeville wollten wir in die Stadt gehen, schafften es aber nur bis zur Tankstelle. So etwas wie »in die Stadt gehen« gab es in diesem Teil Amerikas nicht, weil es die

Stadt in der europäischen Bedeutung des Wortes, als einen Ort, wo man einfach hingehen kann, nicht gibt, und weil zu Fuß gehende Menschen nicht vorgesehen sind in dieser heilen Welt. Alle Menschen in Amerika haben ein Auto, und wenn sie keins haben, dann sind sie sehr arm und warten auf einen Bus. Im Fernsehen attackierten die Republikaner gerade den Präsidenten dafür, dass er alle Bürger Amerikas zwingen wollte, krankenversichert zu sein. Meine Tochter übersetzte mir, was den Republikanern an der allgemeinen Krankenversicherung nicht gefiel. Wie konnte man eine Krankenversicherungspflicht für alle als ungerecht bezeichnen? Sie hörte aufmerksam zu und begriff am Ende, was an dieser Versicherung ungerecht war: Was, wenn einer zum Beispiel dreißig Jahre lang einzahlte, ohne krank zu werden, oder, noch schlimmer, gesund starb? Dann würde sein Geld wahrscheinlich einem anderen Kranken zugutekommen, der vielleicht gar nicht so viel eingezahlt hatte – eine Ungerechtigkeit sondergleichen!

Das gute alte amerikanische Traummärchen, dass aus jedem Tellerwäscher ein Millionär werden könnte, beleben die Republikaner immer wieder neu. Und obwohl das Land stark verarmt ist, viele obdachlos sind und immer mehr Leute in öffentlichen Aschenbechern nach Kippen suchen, glauben die Menschen noch immer daran und tragen einen Gesichtsausdruck, als wären sie bereits Millionäre, die ihre Millionen entweder noch nicht verdient oder schon wieder ausgegeben haben.

Immer wieder kamen wilde Tiere in die Stadt: Eichhörnchen, Kojoten, Waschbären, Wildschweine, und einmal verirrte sich sogar ein Braunbär aus den Smoky Mountains dorthin. Er kletterte auf einen hohen Baum gegenüber eines Steakhauses – just während des wichtigsten Fernsehduells zwischen dem Präsidenten und seinem Herausforderer. Die Einwohner wussten nicht, wo sie hinschauen sollten, auf den Baum oder in die Glotze. Sie gingen ständig raus und rein und verscheuchten die Vögel, die um die Tische draußen herumflogen und aus den Dosen mit Süßstoff und Kaffeeweißer die Zuckerpackungen herauspickten.

Unsere Disko fand in der Turnhalle der Universität statt. Sie fing um 19.00 Uhr an, denn die Amerikaner mussten am nächsten Morgen früh aufstehen, sie haben immer viel zu tun. Auf dem ganzen Unigelände herrschte, dem dortigen Jugendschutzgesetz entsprechend, Alkoholverbot. Die Menschen waren groß, bewegten sich kaum und sahen nicht nach wilden Tänzern aus. Die ganze Stadt war eigentlich eine Mischung aus Fastfood-Ketten und Kirchenhäusern, auf vielen Autos stand »Jesus for President«. Ich hatte große Zweifel, dass diese Leute zu unserer Musik tanzen würden. Doch exakt um drei nach sieben erschienen die ersten Tänzer. Die Halle füllte sich mit Studenten, Eltern und Kindern, und die Party sah bald sehr gemütlich aus – wie ein amerikanisches Volksfest, nur mit russischer Musik. Zwischendurch rollte eine Colaflasche über den Boden. Ich fand den Sound etwas zu leise, die Halle zu groß und die Musikboxen zu schwach. Doch Amerika, das Land der unbegrenzten Möglichkeiten zu leben und zu sterben, die Wiege der Waffennarren, die Heimat der hungrigen Rieseneichhörnchen, tanzte.

Bunt statt blau

Seit meine Kinder aufs Gymnasium gehen, erfahre ich täglich Neues über Drogen. An deutschen Schulen wird Alkohol sowie Nikotin und Marihuana sehr viel Aufmerksamkeit gewidmet. Den Schülern wird deutlich gemacht, dass genau diese Wirkstoffe ihre schlimmsten Feinde sind. In Ethik wird das ganze Leben als eine ständige Auseinandersetzung mit diesen Wirkstoffen dargestellt, ein ewiger Kampf mit Alkohol, Nikotin und Marihuana. Jeder erfahrene Kriegsstratege weiß, wie wichtig es ist, den Feind vor Beginn der Schlacht gut zu kennen, seine Stärken und Schwächen zu erkunden, zu wissen, wie er tickt. Deswegen bereiten sich die Schüler jetzt schon auf diesen Kampf vor und sammeln Erfahrungen, mal auf dem Schulhof, manchmal auch nach der Schule.

Im Ethikunterricht wird unter anderem erzählt, dass Betrunkene oder Bekiffte eine andere Realitätswahrnehmung haben und oft Dinge tun, zu denen sie nüchtern nicht im Stande wären. Wenn sie wieder zu sich kommen, wundern sie sich oft über das Geschehene. Was soll ein Sechzehnjähriger davon halten? Er denkt an Superman, Batman und Spiderman. Ihm wird plötzlich klar, warum der eine mit komischem Gesichtsausdruck herumfliegt, der andere dauernd grinst und der dritte springt. Für Sechzehnjährige ist es ein anziehender Gedanke, etwas zu tun, was sie normalerweise nicht tun, um sich später darüber zu wundern. Zum Glück bleibt es im Ethikunterricht bei der Theorie, praktische Übungen sind nicht vorgesehen. In Chemie hingegen wird echter Wein produziert.

Ein Chemielehrer meiner Tochter, ein lustiger junger Mann, erzählte, dass Alkohol auf Menschen unterschiedliche Wirkung habe: Die einen würden davon traurig oder melancholisch, die anderen aggressiv. Manche würden lustig und übertrieben gastfreundlich, luden sofort alle möglichen Leute zu sich nach Hause ein und wollten Party feiern. Es gab auch welche, die sofort einschliefen. Der Chemielehrer zeigte sehr anschaulich, wie ein Bekannter von ihm an freien Tagen ausgesehen habe (aggressiv), wie eine Freundin ausgesehen habe (traurig, obwohl sie gar nichts getrunken hatte) und wie deren Schwester ständig gelacht habe, manchmal stundenlang. So etwas könne einfach so oder unter Einfluss von Marihuana passieren.

Jeder Schüler sollte eine Obstsorte in den Chemie-

unterricht mitbringen, die, mit spezieller Weinhefe ver-
mischt, in einem Glas mit Früchten zu Wein vergären
sollte. Die Gläser wurden mit dem jeweiligen Namen
des Schülers beschriftet. Nach zwei bis drei Wochen
sollte das Getränk fertig sein, dann durften die Schüler ihren eigenen Wein probieren. Meine Tochter hatte
ganz konventionell Weintrauben zum Unterricht mitgebracht, ihre Freundinnen hatten sich für exotische
Früchte entschieden: Johanna brachte Kiwis, Frederike Bananen zum Weinmachen mit. Und Melanie
brachte Obstkuchen. Mal sehen, wie der Obstkuchen-
wein schmeckt, sagte der lustige Chemielehrer melan-
cholisch-aggressiv. Die heranwachsende Generation
machte bei diesem Drogenwarnprogramm gerne mit.
Zehntklässler fanden schädliche Auswirkungen von
Alkohol sehr spannend, Achtklässler interessierten sich
mehr für Schäden durch Marihuana.

Ich beneidete die Jugend. In meiner Schule vor dreißig Jahren hatten wir statt Alkohol und Nikotin den
»amerikanischen Imperialismus« und den »westlichen
Kapitalismus« als Hauptfeinde im Programm. Woche
für Woche hatte man uns überzeugt, wie schlimm und
gesundheitsgefährdend dieser amerikanische Imperialismus sei, pures Gift für Mann und Maus. Kostpro-
ben waren nicht vorgesehen. Diese Propaganda führte
dazu, dass wir so gut wie nichts über den westlichen
Kapitalismus wussten. Als unser Land auseinander-

fiel, landete ich in diesem westlichen Kapitalismus wie Armstrong auf dem Mond. Ich bewegte mich sehr vorsichtig, jeder Schritt brachte eine neue Entdeckung. Nikotin und Alkohol dagegen waren Bestandteile unseres Alltags gewesen und daher kaum interessant. Auch mein Papa hatte Hauswein aus Johannisbeeren oder Kirschen in großen Dreilitergläsern hergestellt. Statt eines Deckels zog er jeweils einen Gummihandschuh über das Glas. Wenn der Handschuh aufrecht stand und alle fünf Finger ausgestreckt waren, hieß das, der Wein war fertig. Ich erinnere mich noch, dass es manchmal sehr lange dauerte, bis der Handschuh uns in der Küche grüßte.

Aus der Klasse meiner Tochter war niemand bereit, drei oder vier Wochen auf seinen eigenen Wein zu warten. Während ihre Bananen im Chemiekabinett gärten, dachten sich die Mädchen eine neue Beschäftigung aus. Mit dem Segen ihrer Schulleiterin beschlossen sie, am deutschlandweiten Schülerwettbewerb »bunt statt blau« teilzunehmen. Wie immer wollten unsere Mädchen origineller sein als alle anderen. Während die anderen Schüler sich bundesweit mit der Theorie des Alkoholabbaus im Blut beschäftigten, entwickelte meine Tochter ein eigenes Konzept. Um die Schäden des Alkohols besonders gut sichtbar zu machen, wollte sie mit ihren Freundinnen ein »vorher/nachher«-Plakat mit eigenen Fotos entwerfen. Ein Bild sollte zeigen, wie sie züchtig gekleidet und ohne Make-up nüchtern in die Kamera blicken, auf dem anderen Foto wollten sie krass bemalt, freizügig angezogen und quasi betrunken aussehen. Den Mädchen gefiel diese Idee außerordentlich, der Weltruhm, mindestens bundesweit, war bereits zum Greifen nah.

Mir bereitete dieses Plakat große Kopfschmerzen. Jeden zweiten Samstag gehen meine Frau und ich für eine ganze Nacht in eine Disko zum Arbeiten. Es war klar, dass die Mädchen ihre Fotosession in unserer Wohnung abhalten würden. Es war mir auch klar, dass sie die alkoholischen Getränke, die bei uns in der Küche stehen, in ihr Projekt integrieren würden, um so authentisch wie möglich zu wirken. Sie würden trinken, dessen war ich mir sicher. Es stehen viele Flaschen bei uns in der Küche, meist mit undefinierbarem Inhalt. Auf meinen Lesereisen lerne ich allerlei Menschen kennen, an zig Orten bin ich mit Alkohol beschenkt worden, sehr viele Gäste schauen bei uns vorbei, Halbbekannte aus fernen Ländern, Politiker, Schauspieler, Partisanen. Und alle bringen Alkohol mit, denn nach wie vor gilt die Flasche als das beste Geschenk für den Mann. Und weil meine Frau keine Süßigkeiten mag, ist in unserem Fall die Flasche auch für sie das bessere Geschenk. Das Gute und Bekannte wird in der Regel schnell ausgetrunken, das Unbekannte und Verdächtige oben auf dem Küchenschrank gehortet. Es ist für das

Ende der Welt bestimmt. In der Bibel habe ich nämlich gelesen, am Ende aller Tage werde das Gute vom
Schlechten nicht mehr zu unterscheiden sein, weder
optisch noch geschmacklich – dann, dachte ich, werden wir die verdächtigen Vorräte austrinken.

Leider stand in der Bibel nichts über den Schülerwettbewerb »bunt statt blau«, der uns dazwischenkam.
In Sorge, dass die Kinder sich vergiften könnten, inspizierte ich die Getränkesammlung auf dem Küchenschrank noch einmal: Selbst gebrannter Vogelbeeren-
schnaps stand dort, von einem Badenser geschenkt, der
eine Russin geheiratet hatte. Die Frau war blond, trug
das ganze Jahr über rote Lederjacken und fuhr ein sehr
schnelles Kabrio. Ein deutsches Sprichwort sagt: »Hüte
dich vor blonden Frauen und Russen, die ein Auto fahren«. Der Badenser hatte alles in einer Person. Ich hatte
früher schon einmal mit ihm seine Erzeugnisse getrunken, doch seit er verheiratet war, roch sein Schnaps etwas nach Benzin.

Neben dem Badenser stand ein merkwürdig nebe-
liger dänischer Schnaps. Ich weiß nicht genau, woraus
die Dänen ihn brennen, aus Lakritze oder Heringen
oder aus beidem zusammen. Ich glaube, so etwas Ähnliches hat Hamlets Vater während des kurzen Schlafs
im Garten ins Ohr geträpfelt bekommen. Zwei Trop-
fen reichten, damit er sich für immer verabschiedete.
Eine Flasche alten kubanischen Rum habe ich auch

noch auf dem Schrank gefunden, geschenkt von einem Parteibeamten auf der Insel der Freiheit. Die Flasche stammte angeblich aus dem persönlichen Rumkeller Fidel Castros. Auch bei dieser Flasche hatte ich meine Zweifel. Wer weiß, was für Gifte die CIA ihm in seinen Rum geschüttet hat. Fidel war bisher gegen jedes amerikanische Gift immun, aber wer sagte, dass wir es auch waren?

Neben dem Rum stand ein Geschenk aus Seoul, ein koreanisches hochprozentiges Elixier mit einem Tigerschwanz, der in der Flasche schwamm. Das Zeug solle nicht nur betrunken machen, sondern potenzsteigernd wirken, erklärten mir meine koreanischen Freunde. Überhaupt sind Koreaner sehr auf ihre Potenz fixiert. Man würde bei ihnen nicht einmal eine Tasse Tee trinken, wenn man nicht wüsste, dass sie potenzsteigernd wirkte. Ich wiederum habe Angst vor zu viel Potenz. Ich liege gern auf dem Bauch, auch mal mit einem Buch im Bett. Deswegen ist die Flasche mit dem Tigerschwanz in all den Jahren unangetastet geblieben.

Ihr leistet der sogenannte belorussische Cognac Gesellschaft, ebenfalls ein Geschenk, von weißrussischen Oppositionellen nach Berlin geschmuggelt. Die Flüssigkeit ist tiefschwarz, auf dem Etikett steht »Das Klostergeheimnis«, und im Hintergrund ist ein besorgter Mönch abgebildet. Nach dessen Gesichtsausdruck zu urteilen, muss im Kloster etwas Furchtbares passiert sein. Aus Respekt vor den weißrussischen Verhältnissen, die ich nicht verstehe, mache ich das hochprozentige Klostergeheimnis nicht auf.

Der erste russische Wodka in einem Joghurtbecher, abgefüllt im Jahr 1991, gehört ebenfalls zu meiner Sammlung. Ebenso ein ostdeutscher Korn aus Nordhausen, gebrannt während der Auflösung der DDR.

Ein ordentliches Stück Geschichte steckt in diesen verstaubten Behältern auf dem Küchenschrank. Die halbe Welt in ein paar Flaschen, Schweiß, Blut und Tränen des vorigen Jahrhunderts mit Spiritus verdünnt. Doch die Mädchen wussten vom historischen Wert der Sammlung nichts, die unbedarfte Jugend wollte bloß ihre Fotos schießen, »vorher/nachher«. Ich hatte Bedenken, dass sie sich während unserer Abwesenheit mit den Tränen des Jahrhunderts vergifteten. Andererseits mag ich Erziehungsgespräche nicht, weil sie wenig nutzen und man sich wie ein selbstgerechter Idiot vorkommt. Doch in diesem Fall ging es um die Gesundheit der Jugend.

Ich näherte mich dem Thema von weitem.

»Meine liebe Tochter«, sagte ich, »Worte zählen in unserer Welt nicht viel. Menschen lügen oft, glaub also nicht immer, was sie auf eine Flasche schreiben. Es kann auch etwas völlig anderes drin sein. Hör lieber auf dein Herz. Verstehst du, was ich meine?«

Meine Tochter langweilte dieses Gespräch. Sie nickte

zwar höflich, doch richtig überzeugt sah dieses Nicken nicht aus. Was konnte ich noch sagen? Dass Alkohol Gift war und Komasaufen tödlich? Das hatten sie schon in der Schule tausendmal gehört, und alle Weisheiten, die aus der Schule kommen, schmecken nach Katzenfutter.

Mit schwerem Herzen fuhren wir abends zur Disko. Die Mädchen schminkten sich bereits für ihre Fotosession und versprachen treuherzig, nichts Hochprozentiges anzufassen. Ich habe natürlich versucht, die schlimmsten Flaschen zu verstecken, gleichzeitig wusste ich, dass die Jugend immer besser sucht als die Alten verstecken. Darin liegt die Wurzel des Fortschritts.

Um vier Uhr früh kamen wir zurück. Es lagen keine Koma-Leichen im Zimmer, Kinder und Katzen schliefen friedlich. Als Erstes inspizierte ich schnell die Flaschenverstecke: Der Tigerschwanz, das Hamlet-Gift, die Vogelbeere und das weißrussische Geheimnis waren unberührt. Nur Fidel hatte es zu drei Viertel erwischt, aber niemand hatte einen sichtbaren Schaden davongetragen. Anscheinend hat die CIA auf Kuba tatsächlich versagt.

Der nächste Champion betritt die Bühne

Ich stelle mir vor, Zeit ist Raum, ein Raum mit mehreren Eingängen. Wir betreten diesen dunklen Raum
ohne Taschenlampe, ohne zu wissen, wo der Lichtschal-
ter ist. Wir trauen uns nicht wirklich hinein, bleiben
kurz an der Schwelle stehen, versuchen in der Dunkelheit die anderen zu erkennen, schreiben noch schnell
an die Wand, was wir von dem Ganzen halten, verlassen
den Raum wieder und knallen die Tür zu. Draußen, im
Nichts, warten wir eine Ewigkeit, bis sich uns eine weitere Tür öffnet. Dann sehen wir unsere früheren Zeich-
nungen an den Wänden der Zeit, unsere Gedichte, Geschichten und Lieder. Deswegen vielleicht nennt man
gute Musik oder gute Poesie zeitlos, sie passen in jedes
Jahrhundert.

Mein Sohn suchte lange nach dem ersten Rapper
der menschlichen Geschichte. Zuerst entdeckte er die
deutschen Rapper der ersten Generation, die in Berlin »Alles ist die Sekte« sangen, dann ihre Vorgänger in

Amerika, aus der Zeit, als diese Musik noch kein Teil des Kommerz war, sondern als Stimme der unabhängigen Systemkritik galt. Sie wurde aus dem Protest gegen die Versklavung der Menschen geboren. Diese Rapper waren laut und stark, sie hatten mit der Gesellschaft kein Mitleid, das Einzige, was sie für die Sklavenhalter des Kapitals übrig hatten, waren ein ausgestreckter Mittelfinger und ein böses Schimpfwort. Doch das Kapital war hinterhältiger als diese jungen naiven Seelen. Das Kapital kesselte die Rapper ein und korrumpierte sie Schritt für Schritt. Auf ihre ausgestreckten Mittelfinger bekamen die Rapper dicke goldene Ringe gezogen, für böses Schimpfen wurde gezahlt. Auch dieser Traum von der Freiheit endete mit einer Enttäuschung.

Die Amerikaner waren nicht die ersten, versuchte ich Sebastian zu überzeugen. Es gab überhaupt keinen ersten Rapper, so wie es keinen ersten Dichter gab. Die Menschen hatten schon immer gerappt, lange vor Erfindung der Rapmusik.

»Das ist Quatsch«, sagte mein Sohn. »Ein Rapper vor Erfindung des Raps zu sein ist dasselbe, wie ein Elektriker zu sein vor der Entdeckung der Elektrizität. Es gibt immer einen ersten und zweiten und dritten Dichter. Und egal wie dicht du bist, Goethe war dichter«, schleuderte mir Sebastian seinen Lieblingsspruch entgegen.

Kurz darauf fand ich etwas im russischen YouTube

und zeige ihm das Video: Nikita Chruschtschow auf der UNO-Sitzung 1960 anlässlich der wieder gestellten ungarischen Frage. Lange bevor die ersten Jungs in Amerika anfingen, sich die Köpfe zu rasieren, breite Hosen anzuziehen, die ihnen unterm Hintern hingen, und laut ihren Unmut über die westliche Ordnung in der Öffentlichkeit zu äußern, hatte es Chruschtschow auf der wichtigsten Bühne der Welt gemacht, ganz ohne Musik. Er geißelte die westlichen Verschwörungstheoretiker: »Ihr seid alles Sekten! Alles ist die Sekte!«, sagte er, zog seine Schuhe aus und knallte damit auf den Tisch. Ferner beleidigte er, in bester Tradition des Genres, die Mutter aller Vereinten Nationen und drohte den Versammelten, das nächste Mal eine alternative Mutter mitzubringen, die sie voll hart in die Mangel nehmen würde.

Der Auftritt von Chruschtschow hat meinen Sohn nur mäßig beeindruckt, denn ohne Musik war die Rap-Aktion doch zu dünn. Die russischen YouTube-Seiten begeisterten ihn dennoch sehr, dieser riesige Friedhof der Augenblicke, die sich schneller verweilen, als ein Faust sie bemerken kann – Bands, die heute keiner mehr kennt, Politiker, an die sich keiner mehr erinnert, Satiriker, deren Humor im Dunkel der Zeit verloren gegangen ist. Alle Schattengestalten der Vergangenheit, die einander im realen Leben bestimmt gehasst hätten, standen hier friedlich nebeneinander. Neben dem Auftritt von Chruschtschow (860 Klicks) stand mit 1600 Klicks die russische Doppelgängerband von »Modern Talking«, die in Russland eine treue Fangemeinde haben, und ganz oben der Clip des Jahres mit elf Millionen Klicks und einem etwas umständlichen Titel: »Fernsehmoderatorin furzt beim Verlesen der Nachrichten und fällt vor Aufregung um«.

»Die Menschen sind überall auf der Welt gleich!«, jubelte mein Sohn systemkritisch. »Sie entscheiden sich immer für das Abscheulichste. Ich fasse es einfach nicht. Elf Millionen Russen haben sich diesen Quatsch angekuckt!«

Er schüttelte den Kopf und drückte auf Play. Es wurden elf Millionen zwei.

In diesem Videoclip war eigentlich nichts besonders Aufregendes zu sehen: nur eine junge blonde Frau, die sich viel Mühe beim Vorlesen der Abendnachrichten gab und dabei stark gestikulierte. Irgendwann hörte man jedoch deutlich ein Geräusch, das nicht eindeutig als Nachricht qualifiziert werden konnte. Die Nachrichtensprecherin blieb für eine Sekunde still. Sie schaute konzentriert und fragend in die Kamera, als wollte sie von den Zuschauern wissen, ob sie etwas gehört oder gerochen hätten. Danach wurde sie weiß im Gesicht und fiel um.

»Nichts tun die Menschen lieber, als sich über das Leid der anderen lustig zu machen. Nicht das Schöne und Ewige, sondern die öffentliche Blamage ihrer Zeitgenossen spricht sie an!«, regte sich mein Sohn weiter auf.

»Woher willst du wissen, dass sie darüber lachen?«, verteidigte ich die elf Millionen. »Vielleicht haben sie Mitleid mit der Nachrichtensprecherin, vielleicht üben sie mit diesem Video Demut, vielleicht sehen sie in dieser kurzen Episode sich selbst, ihren eigenen Lebensentwurf. Gleicht nicht jeder Lebenslauf dem Missgeschick dieser Moderatorin? Nach langer Vorbereitung hat man der Welt endlich ein paar Nachrichten mitzuteilen, aber kaum ist man auf der Bühne, bemerkt man die Augen der Welt auf sich gerichtet, holt tief Luft… Was danach folgt, ist keine große Nummer. Man fällt vor Aufregung um, der nächste Champion betritt die Bühne.«

Solange Merkel lacht

Alle vier Jahre kommt in Berlin zwischen Sommer und Herbst die sogenannte Merkel-Jahreszeit zum Vorschein. Die Kastanienbäume bedecken sich mit grünen, gelben und roten Wahlplakaten, auf denen Versprechen von einem besseren Leben und Gesichter von Politikern zu sehen sind, die von Mal zu Mal unsympathischer und freudloser wirken, nur die Merkel lacht. Die Wahlbotschaften geben Rätsel auf, man wird aus den Sprüchen einfach nicht schlau. Das Einzige, was sich deutlich aus ihnen ablesen lässt, ist, dass die Politiker ihre Bürger für dumm und faul halten. Und vielleicht haben sie damit sogar recht.

Die Opposition pocht darauf, alles im Lande solle besser werden, die regierenden Parteien meinen, es solle bleiben, wie es ist. Ihre Wähler, hauptsächlich Rentner, wissen dagegen: Früher war alles besser, in der Zukunft dagegen wird alles immer schlimmer, und nichts wird bleiben, wie es ist. Wie sollte das überhaupt gehen? Die

Menschen ändern sich täglich. Man kann nicht zwei Mal in denselben Fluss steigen, nicht nur, weil das Wasser immer ein anderes ist, auch der Mensch, der baden geht, ist ein anderer. Und während er badet, denkt er, so schlecht wird es vielleicht doch nicht kommen, solange die Merkel lacht.

Mitten in der fünften Jahreszeit, an einem Dienstag, sollte Angela Merkel die Schule meiner Kinder besuchen, das Sprachgymnasium mit Schwerpunkt Latein, um den Zwölftklässlern aus erster Hand von den Grausamkeiten des Lebens in der DDR zu berichten. Ich fragte meine Kinder, ob Merkel dies auf Latein tun werde. Sie würde alles auf Deutsch erzählen, meinten meine Kinder. Von unserer Freundin Olga, deren Tochter in Lichtenberg zur Schule ging, erfuhren wir, sie hätten Merkel bereits in der Schule gehabt. Olga hatte eine Einverständniserklärung unterschreiben müssen, dass ihre Tochter mit der Bundeskanzlerin zusammen fotografiert und diese Bilder vervielfacht werden durften. Auch in Lichtenberg hatte sie von den Grausamkeiten der DDR berichtet, alles auf Deutsch. Die vietnamesischen Kinder, die eine Mehrheit an dieser Schule bildeten, hatten mit großem Interesse zugehört, immerhin hatte die grausame DDR vor langer Zeit ihre Eltern zum Arbeiten eingeladen und sie mit Wohnungen und Bildung versorgt.

Ich habe mich ein wenig gewundert, dass Merkel im

Wahlkampf ausgerechnet Berliner Schulen besuchte. Wahrscheinlich dachte sie, diese aktuelle Wahl habe ich schon in der Tasche, es würde kein großes Ding sein, gegen die Luschen der Opposition zu bestehen, die lache ich einfach an die Wand. Lieber mache ich unter jungen Menschen Wahlkampf, die erst in vier Jahren wahlberechtigt sein werden. Für die nächste Merkelzeit sollen die Schüler jetzt schon erfahren – und das auch ihren Eltern zu Hause erzählen –, was für eine nette Tante ich doch bin.

Die Aufregung in der Schule war groß, Schulpersonal und Kinder bereiteten sich sorgfältig auf den Besuch vor. Die Kinder waren nicht so sehr wegen der Begegnung mit Frau Merkel, sondern wegen der Anstrengungen der Schuldirektion, aus ihrer Schule ein potemkinsches Dorf zu machen, aufgeregt. Meine Kinder übten zu Hause beinahe unisono Kritik: Die Direktorin habe extra nur eine einzige Klasse mit neuen Möbeln ausgestattet, nämlich die, in der Merkel vortragen würde, und nur an einer Wand alte Graffiti weggeputzt: an der Wand, an der Merkel entlanggehen würde. Doch die Wahrheit werde sich trotzdem zeigen, denn in der ganzen ersten Etage rieche es nach Scheiße, die Kanalisation sei kaputt.

»Wir werden Merkel in die Kantine einladen, sie soll das Schreckensessen dort probieren, dann ist ihr Wahltag gelaufen. Die Direktorin dreht voll durch, die ganze

Schule soll sich auf dem Schulhof nach Alphabet auf-
stellen, unsere Schulband wird für Merkel spielen, dabei haben wir die schlechteste Schulband der Welt. Alle
Mitglieder außer dem Bass sind in der Zehnten sitzen
geblieben. Unser Hausmeister, Herr Merkel, ein Bruder vielleicht, hat sich seine Glatze polieren lassen und
den halben Bart abgeschnitten, um der Kanzlerin zu
gefallen. Hier, du musst unterschreiben, dass wir mit
Merkel reden und uns fotografieren lassen dürfen.«

Ich beneide diese Generation, allein schon um ihren naiven Glauben, dass alles besser schmecken muss,
einschließlich des Essens in ihrer Kantine. Ich beneide
sie auch um ihre Bereitschaft und ihren Mut, offen darüber zu reden, was ihnen nicht schmeckt. In meinem
Kindergarten wurden alle Kinder gezwungen, der sogenannten »Gesellschaft der sauberen Teller« beizutre-
ten. Das Essen im Kindergarten war furchtbar, trotzdem durfte man nichts auf dem Teller lassen. Später in
der Schulkantine schmeckte das Essen ebenfalls grau-
envoll, und noch weniger schmeckte es in der Armee.
Genau genommen schmeckte mir Kantinenessen nie.
Aber ich hatte das immer verdrängt. Und meiner Frau
geht es genauso. Noch heute haben wir Angst, die Kö-
che zu verärgern, selbst wenn wir in teuren Restaurants
essen gehen. Wenn das Essen gar nicht runterzukrie-
gen ist, verstecken wir es irgendwo, Hauptsache die Teller sind leer. Als der mir servierte Schwertfisch einmal

komplett ungenießbar war, stopfte ich mir so viel nur ging in den Mund und ging auf die Toilette, um ihn zu entsorgen, verlief mich aber unterwegs. Ein hilfsbereiter Kellner wollte wissen, ob alles in Ordnung sei, aber ich konnte nur große Augen machen und eulenartige Geräusche hervorbringen. Ein andermal brachte meine Frau es nicht über sich, ein Fischgericht aufzuessen. Das Restaurant war schick und genoss einen guten Ruf, das Essen wurde unter einer Haube serviert. Meine Frau wartete, bis die Kellner verschwunden waren, packte den Fisch auf eine Serviette, machte ein Säckchen daraus, ging aufs Klo und ließ den Fisch frei. Danach deckte sie den Teller mit der Haube wieder zu, und wir redeten weiter über den Einfluss der Kunst auf die Politik. Die Kellner kamen mit der Frage, ob alles geschmeckt hätte, hoben die Haube, aber nichts war mehr da, nicht einmal eine Gräte. Der Fisch war komplett verschwunden, mit Kopf und Schwanz.

»Es hat uns unglaublich gut geschmeckt, Sie sehen doch selbst«, log meine Frau und machte unschuldige Augen.

»Die Merkel soll unbedingt die Fischstäbchen bei uns in der Kantine probieren, dann wird sie das deutsche Bildungssystem mit anderen Augen sehen!« Meine Kinder verbanden große Hoffnungen mit dem Besuch der Bundeskanzlerin. Ich hatte die elterliche Genehmigung unterschrieben, sagte ihnen aber, sie sollten der

Merkel nicht zu nahe kommen. Man soll überhaupt lieber einen sicheren Abstand zu den Mächtigen halten, das ist, glaube ich, gesund.

In der Sowjetunion mussten die Jungpioniere immer auf das Mausoleum klettern, um den Regierenden rote Nelken zu überreichen. Ich kannte einen dieser Jungen, einen Nachbarn, der einmal so mit Nelken bewaffnet auf das Mausoleum steigen sollte. Der Junge sang in einem Knabenchor, aus dem jedes Jahr zu den großen sozialistischen Feiertagen die Jungpioniere für das Mausoleum mobilisiert wurden. Mein Nachbar sollte dem Generalsekretär persönlich einen Blumenstrauß überreichen. Er stieg vorsichtig die Treppe hoch und gab sich alle Mühe, nicht zu stolpern, umzufallen oder am Generalsekretär vorbeizulaufen. Oben auf dem Balkon standen dreizehn Greise, alle in den gleichen grauen Anzügen und Hüten, nur einer war wichtiger als der Rest, und nur ihm sollten die Blumen in die Hand gedrückt werden.

Mein Freund schwitzte vor Angst, diesen Breschnew mit einem der anderen grauen Greise zu verwechseln. Seine erfahrenen Kollegen aus dem Chor meinten, Generalsekretär sei immer der, der am miefigsten rieche. Breschnew bemerkte, dass der Jungpionier unsicher war, und trat ihm einen Schritt entgegen. Er riss ihm die Blumen buchstäblich aus der Hand, danach küsste er den Jungen auf die Wange. Er war sehr alt und damals schwer in Kusslaune, er küsste alle, die ihm vor die Lippen kamen. Nach diesem Kuss war meinem Freund schlecht geworden, und er war sehr lange krank. Später wurde er Alkoholiker und hatte ein verpfuschtes Leben. Ich möchte aber dafür jetzt nicht auch noch den Generalsekretär zur Verantwortung ziehen. Wir sollten unsere Lebensentwürfe nicht von Kanzlern und Sekretären abhängig machen.

»Kommt Merkel nicht zu nahe«, warnte ich meine Kinder trotzdem. »Ihr braucht sie nicht, um in eurer Schule aufzuräumen. Und vergesst nicht, mir genau zu erzählen, wie es war! Ich möchte unbedingt darüber schreiben«, rief ich. Doch die Kinder waren schon weg. Niemand hörte mich mehr.

Ahnenforschung

Je erwachsener meine Kinder werden, umso mehr Neugier entwickeln sie auf die Welt und ihre eigene Herkunft. Wer bin ich? Wo komme ich her? Und wer waren unsere Vorväter? Auf solche Fragen bin ich nicht vorbereitet. Meine Kenntnisse über unsere Familienbande sind schwach, sie beruhen auf zwei alten zerkratzten Fotos väterlicherseits und zwei alten zerkratzten Fotos mütterlicherseits. Auf den Fotos sind jeweils große Familienansammlungen zu sehen und Einzelporträts der Großväter. Die Geschichten hinter den Fotos kenne ich kaum.

Der eine Großvater war aus Odessa in die Westukraine geschickt worden, um eine Schuhfabrik in Czernowitz zu leiten, nachdem Galizien 1940 von Polen abgeschnitten und unserer Heimat der Sowjetunion in den Rachen geworfen worden war – im Dienste der Völkerverständigung, versteht sich. Mein Großvater sollte eine bereits existierende, gut funktionierende, bis dahin jedoch kapitalistische Schuhfabrik in eine sozialistische umwandeln. Nichts leichter als das, dachte er wohl zuerst, doch diese Arbeit brachte ihm viel Stress und erhebliche Minderwertigkeitskomplexe ein, denn seine Mitarbeiter waren alle besser angezogen, besser ernährt und gebildeter als er. Sie beherrschten mehrere Fremdsprachen und trugen sogar bessere Schuhe, was die Autorität meines Opas zusätzlich untergrub. Bevor sie sowjetisch wurde, hatte die Fabrik willkürlich gearbeitet, angetrieben von den Launen des Marktes, dem ständigen Spiel zwischen Angebot und Nachfrage. Ein sozialistischer Direktor, also auch mein Großvater, kümmerte sich aber nicht um Angebot und Nachfrage. Jeden Monat bekam er genaue Anweisungen von ganz oben in Form eines Wirtschaftsplans, in dem klar und deutlich geschrieben stand, wie viele Paare Kinderschuhe, wie viele Frauen- und Männerschuhe in Czernowitz produziert werden mussten und in welchen Größen.

Der Wirtschaftsplan war jedes Mal mit rotem Stift von »J. Stalin« unterschrieben, so behauptete es zumindest mein Großvater. Anscheinend hat »J. Stalin« sich wirklich um alles gekümmert. Die Tatsache, dass der Herrscher des Landes sich sogar mit Kinderschuhen auskannte, erschien selbst meinem Opa skurril. Er hat jedoch lange darüber nachgedacht, und manchmal kam ihm seine Schuhfabrik sogar wie das Kernstück von Stalins Plan vor, der Grundstein der gesamten sowjetischen Planwirtschaft. Denn immer wieder, wenn sie zu wenige Schuhe produzierten, wurden die Inhaber der überschüssigen Beine aus Czernowitz in unbekannte Richtung abtransportiert. Wenn sie zu viele Schuhe produzierten, fand eine Umsiedlung aus anderen sowjetischen Republiken in die Ukraine statt. Möglicherweise wurde also die Bevölkerungszahl nach den Plänen der Schuhfabrik korrigiert.

Von meinem Großvater mütterlicherseits sind nur ein Bild und seine Briefe geblieben, die er von der Front an meine Großmutter geschrieben hatte. Auch in seinen Briefen geht es viel um »J. Stalin« und den bevorstehenden Sieg des Kommunismus auf der ganzen Welt. Er ist 1943 gefallen. Auf dem Foto sieht er unglaublich gut aus, mit langen, nach hinten gekämmten Haaren und Feuer in den Augen. Dieses Foto mag ich am liebsten.

»Hier, dein Urgroßvater, Nicole«, machte ich meine Tochter mit der Geschichte unserer Verwandtschaft bekannt. »Er ist ein Held, im Weltkrieg gefallen.«

»In welchem – im Zweiten oder im Ersten?«, fragte mich meine Tochter wie nebenbei.

Ich schüttelte nur den Kopf. Für diese Menschen des 21. Jahrhunderts ist die Geschichte der vorigen Jahrhunderte, das ganze Leid und Massensterben von Millionen, zu einem undurchsichtigen Knäuel aus Mord und Gemetzel geworden. Erster Weltkrieg, Zweiter Weltkrieg, Völkerschlacht bei Leipzig, was ist der Unterschied?

»Dein Urgroßvater, Nicole«, sagte ich mit oberlehrerhafter Stimme, »hat seine Heimat Russland bis zum letzten Atemzug verteidigt. Im Kampf gegen Napoleon hat er dem Franzosenkaiser höchstselbst seinen Dreieckshut ins Gesicht gezogen, an den Nachwirkungen dieser Tat ist Napoleon dann gestorben. Dafür hat Opa eine Goldmedaille von Stalin bekommen, die ich in meiner Tischschublade aufbewahre«, klärte ich meine Tochter auf.

»Papa, du spinnst wie immer«, meinte sie. »Napoleon war älter.«

Meine Tochter hat recht, Napoleon war älter. So weit in die Vergangenheit lassen mich meine Fotos nicht blicken. Das älteste Familienmitglied, das ich eines Sommers in Odessa persönlich kennengelernt hatte, war Frau Schwarzmann, meine Urgroßmutter. Sie war blind, klein wie ein zehnjähriges Kind und hatte bereits 96 Jahre auf dem Buckel. Mich fasste sie an die Nase, an die Ohren und an den Kopf, prüfte, ob alles rund und in Ordnung sei, und fragte mich, ob ich schon eine Freundin hätte. Ich war gerade dreizehn geworden und hatte noch keine Freundin. Meine Interessen lagen auch nicht im Bereich von Frauen, viel mehr interessierte ich mich damals für den wahren Sinn des

Daseins. Es konnte doch kein Zufall sein, dass so viele unterschiedliche Menschen zur gleichen Zeit an einem Ort auf die Welt gekommen waren und nicht wussten, was sie miteinander und mit sich selbst anfangen sollten. In meinen Augen sollte jemand, der fast hundert Jahre gelebt hatte, mehr darüber wissen. Voller Hoffnung fragte ich meine Urgroßmutter nach der letzten Wahrheit. Sie überlegte kurz und meinte dann, ich könne eigentlich machen, was ich wolle, bloß nie im Leben Pilze essen und mit Menschen, die Krawatten trugen, über Geld reden.

Mir kamen diese Weisheiten damals völlig banal und sinnlos vor. Ich hatte große Mühe, nicht zu kichern. Heute, tausend Jahre später, nach Tonnen gegessener Pilze und jahrelangen sinnlosen Gesprächen mit Krawattenmenschen, denke ich manchmal, dass meine Urgroßmutter vielleicht doch recht hatte. Aber etwas zu ändern, dafür war es wohl zu spät.

Im Laufe des Lebens habe ich mich an meine kleine kompakte Verwandtschaft gewöhnt. Zwei Fotos hängen in meinem Arbeitszimmer, zwei weitere stehen auf einem Bücherregal. Damit war meine Ahnengalerie komplett. Bis sich plötzlich ein Ahnenforscher aus Israel bei mir meldete.

»Sie kennen mich nicht, aber ich kenne Sie«, so begann seine E-Mail. Michael war 36 Jahre alt, als Kind von Omsk nach Israel gekommen, hatte Informatik studiert und arbeitete jetzt erfolgreich in seinem IT-Beruf. Doch seine wahre Leidenschaft galt der Ahnenforschung. Bereits als Zwölfjähriger hatte er angefangen, an seinem genealogischen Baum zu arbeiten. Er verschaffte sich Zutritt zu den Archiven mehrerer Staaten, zu internationalen Organisationen, zu den Geburtenbüchern von Synagogen. Verwandte zu suchen ist genauso überraschend wie Pilze zu suchen, teilte er mir mit: »Um manche zu erreichen, musste ich um die halbe Welt reisen, andere findet man gleich vor der eigenen Haustür.«

Sehr bald hatte Michael Tausende neu entdeckte Verwandte aus der ganzen Welt zusammen – er hatte sie in Amerika, Sibirien, Kanada, Europa und sogar auf Sri Lanka entdeckt. Mit einigen von ihnen freundete er sich an, andere wollten nichts von der neuen Verwandtschaft wissen. Er war nach Kanada und Russland gefahren, hatte irgendwelche Tanten in New York besucht und überall weitere Einzelheiten über seine Sippe erfahren. Michaels Stammbaum war genau genommen kein Baum mehr, er glich viel eher einem Garten, in dem alle möglichen Blumen, Rosen und Kakteen nebeneinander blühten. Ein Gewächs aus seinem Garten wollte er mit mir teilen: die Bialik-Kaminer-Linie.

Die Schwester von Michaels Ururgroßmutter war eine Cousine meiner Urgroßmutter Frau Schwarzmann. Michael war der Nachkomme des Dichters

Chaim Nachman Bialik, der 1922 mit Lenins Erlaubnis ausgewandert und später in Israel der bedeutendste Dichter des Landes geworden war, »der Gürtel der geistigen Hose« dieses kleinen Landes, der die Kultur hochhielt wie Goethe in Deutschland und Puschkin in Russland. In jeder israelischen Stadt gibt es ein Denkmal, ein Museum und eine Straße, die seinen Namen trägt, auf israelischem Geld war er im Profil abgebildet. Bialik hatte Tausende Verwandte, die ihn aber kaum kannten. Wir standen ihm jedoch ziemlich nahe. Die Mutter meiner Urgroßmutter, die in Wirklichkeit gar nicht Klara, sondern Ester Haja hieß, trug den Nachnamen Bialik. Das heißt, der Großvater des großen israelischen Dichters Chaim Bialik war der Bruder von Schimon, dem Großvater meiner Urgroßmutter Klara Ester Haja Schwarzmann.

Plötzlich war ich nicht mehr allein auf der Welt. Michael schickte immer neue Fotos, und eine Flut von Verwandten füllte meine Post. Diese Menschen aus früheren Zeiten, als die Fotografie gerade erfunden worden war, wussten diese neue Kunst noch zu schätzen. Sie zogen sich festlich an, frisierten sich die Haare und setzten sich ihre kleinen Kinder auf den Schoß. Die Männer trugen Brille, Stöcke und Bart, die Frauen ließen sich am liebsten mit großen Hüten verewigen. Manche von ihnen hatten tatsächlich Ähnlichkeit mit meinen Eltern, andere sahen eher wie Inder oder Afrikaner aus. Es gab auch Porträts, die etwas Spanisches für mich hatten – diese großen schwarzen Augen der Frauen und die stolze Haltung der Männer, als hätten sie gerade eben einen Stier abgestochen. Sie alle beobachteten mich nun aus der Vergangenheit: Wir sind jetzt deine Familie, kennst du uns etwa nicht mehr? Hast du uns nicht vermisst?

Krass, sagten meine Kinder, die mit mir zusammen die Fotos begutachteten. »Krass«, »geil«, »cool«, hörte ich nur. »Wir kommen also ursprünglich von wo?« Meine Tochter verlor sich in den genealogischen Gewächsen. Ich überlegte. Michaels Garten ging zwar sehr in die Breite, aber kaum in die Tiefe der Vergangenheit. Diese reichte gerade bis 1703. Damals waren unsere Altvorderen angeblich nach Russland gekommen – von irgendwo. Zar Peter der Große saß in dieser Zeit auf dem Thron. Aus der russischen Geschichte kennt man ihn als den einzigen Zaren, der ausländerfreundlich war.

»Damals, als die Fotografie noch nicht erfunden war und die Menschen wilder lebten, wanderten unsere Vorväter aus Afrika und Indien nach Spanien aus«, bastelte ich die Familiengeschichte zusammen.

»Zu Fuß?«, fragte mein Sohn.

»Natürlich nicht zu Fuß, denn sie hatten ja Elefanten«, klärte ich ihn auf. »Sie sind also mit Elefanten nach Spanien ausgewandert, haben dort die Elefanten verkauft und sind mit Eseln weitergeritten, als der spanische König sie vertreiben wollte. Von Spanien aus haben sie sich überallhin verstreut. Sie sind nach Österreich geritten, nach Deutschland und Polen. Manche sind später nach Amerika gegangen, andere kamen bis nach Russland. Viele unserer Verwandten sind noch immer unterwegs. Wenn ihr also jemand auf einem Esel reiten seht, dann ist nicht ausgeschlossen, dass er euer Bruder oder eure Schwester sein könnte.«

»Krass«, sagte mein Sohn nur.

»Spinner«, sagte meine Tochter und behielt wieder mal recht.

Die ungarische Rhapsodie

Als wieder einmal lange Schulferien bevorstanden, hatten wir als erziehungsbesorgte Eltern ein tolles Programm ausgearbeitet. Unser Plan war, mit den Kindern zusammen nach Brandenburg zu fahren, dort im Garten zu grillen, Tischtennis zu spielen und Pilze sammeln zu gehen. Die Pilzsaison erreichte gerade ihren Höhepunkt, Sonne und Regen wechselten sich ab, und in den Wäldern Brandenburgs schossen die Steinpilze, Butterpilze und Birkenpilze aus dem Boden.

Viele unserer Freunde verbrachten jeden freien Tag im Wald und gingen glücklich mit vollen Körben nach Hause. Allerdings waren es nur unsere russischen Freunde. Die Deutschen haben eine Art Pilzangst, sie kennen sich mit Pilzen nicht aus und können die guten nicht von den schlechten unterscheiden. Dabei ist der Unterschied zwischen Gut und Böse bei Pilzen viel klarer als bei Menschen: Die giftigen haben einen dünnen Stiel und übertrieben große Hüte. Die guten haben dicke Stiele und sehen kernig und gesund aus. Wenn man trotzdem unsicher ist, sollte man an dem verdächtigen Pilz lecken. Das ist eine todsichere Methode. Die bösen Pilze schmecken bitter, die guten süßlich. Doch die Einheimischen sind überzeugt, für immer verloren zu sein, wenn sie einmal am falschen Pilz lecken.

Eigentlich sind die Russen wesentlich an der Pilzangst der Deutschen schuld. Spätestens seit Tschernobyl, als an jeder deutschen Schule vor den Folgen gewarnt und erzählt wurde, die ganze sowjetische Armee sei mobilisiert worden, um die radioaktive Wolke Richtung Deutschland zu pusten, trauen sich die Einheimischen nicht mehr, im Wald Pilze zu sammeln. In ihrem Unterbewusstsein werden die Pilze noch immer mit Atompilzen assoziiert. Die Russen dagegen waren schon immer in Pilze vernarrt, vor, während und nach Tschernobyl. Ich bin in einem Moskauer Randbezirk aufgewachsen, einen Kilometer von unserem Haus entfernt begann der Wald, in dem es ab September Pilze gab. Ich habe es aber damals auch nicht geschafft, diese Pilze zu sammeln. Sie schienen mir zu klein, ich wollte, dass sie noch wuchsen. Also tarnte ich die gefundenen Pilze mit Laub und Gras, markierte die Stellen und wartete ab. Doch die einmal von mir entdeckten Pilze wuchsen nicht mehr. Sie vergammelten langsam, genau so klein, wie ich sie gefunden hatte. Mein Nachbar, ein großer Waldkenner, erzählte mir, dass Pilze nur im Geheimen lebten. Sie hörten auf zu wachsen, sobald sie von einem Menschen entdeckt beziehungsweise gesehen wurden. Und manchmal hörten auch Menschen auf zu wachsen, wenn sie zu viele Pilze gesehen hatten.

Ich war von der magischen Kraft dieser Pflanzen fasziniert, ging aber vorsichtshalber nicht mehr in den Wald. Jetzt allerdings, wo ich selbst nicht mehr zu wachsen brauchte, wollte ich mich erneut mit meinen Kindern zusammen auf Pilzsuche begeben. Doch die hatten andere Pläne. Mein Sohn wollte am liebsten, dass meine Frau und ich allein zum Pilze sammeln fuhren und er die elternfreie Zone zugeteilt bekam. Was aber wollte er bloß mit der elternfreien Zone anfangen? Seine Freunde waren in den Ferien kaum erreichbar. Freund Tung beispielsweise hatte schwer mit den strengen vietnamesischen Erziehungsmethoden seiner Eltern zu kämpfen. Er war für die Ferienzeit unter Hausarrest gestellt worden und sollte, nach Auffassung seines Vaters, die wertvolle Zeit nicht vergeuden, sondern Französisch und Latein lernen, damit er nach den Ferien mit neuerworbenem Wissen in der Schule punkten konnte. »Zu viel Freizeit lässt die Seele verfaulen«, meinte sein Vater.

Sebastians deutscher Freund Borwin wurde in den Ferien zur Oma nach Schwerin geschickt. Nicht schlimm, meinte Borwin, ein eingefleischter Optimist. Bei seiner Oma habe er endlich genug Zeit, seinen

Roman zu Ende zu schreiben. Die Oma sei harmlos, sie würde sowieso die ganze Zeit nur fernsehen und ihn nicht mit Fragen belästigen, was er mal werden möchte.

Mein Sohn wäre in den Ferien am liebsten arbeiten gegangen. Er suchte nach einem zeitlich befristeten, gut bezahlten Job.

»Hast du nicht eine Arbeit für mich, Papa? Soll ich dir vielleicht deine Russendisko-CDs neu brennen? Sie sind alle zerkratzt und springen«, meinte er.

In der Tat habe ich meine Russendisko-Musikmappe seit Jahren nicht erneuert. Wir machen diese Disko schon seit dem vorigen Jahrhundert, ich kann diese Musik eigentlich nicht mehr hören. Die CDs springen, aber die Menschen, die zu uns zum Tanzen kommen, springen ja auch, deswegen fallen die zerkratzten Melodien nicht sonderlich auf.

Seiner Mutter hat Sebastian angeboten, in seinem Zimmer gründlich aufzuräumen, zu putzen und Staub zu saugen, gegen ein kleines Honorar, versteht sich.

»Ich putze dein Zimmer umsonst, warum sollte ich dir für die Sauberkeit in deinem eigenen Zimmer etwas bezahlen?«, winkte seine Mama ab.

Wir hatten beide keinen Job für Sebastian. Und draußen in der Arbeitswelt gab es weit und breit auch keine verfügbare Stelle für einen Jungen von vierzehneinhalb Jahren. Kinderarbeit ist in Deutschland tabu. Was für ein tragisches Alter! Man ist so gut wie erwachsen, wird aber für klein gehalten, man will alles, man darf nichts. Niemand aus Sebastians Freundeskreis weiß, was er später machen möchte. Und ich weiß auch nicht, wo diese Menschen des 21. Jahrhunderts einmal arbeiten sollen. Im Internet vielleicht?

»Ich habe einen Job für dich«, sagte ich zu Sebastian. »Fahr mit uns Pilze sammeln. Zehn Euro pro Korb. Oder spiel mit Oma Schach. Für jede Partie, die du gewinnst oder mindestens unentschieden spielst, bekommst du zehn Euro von mir.«

Sebastian verzichtete lachend. Vor Pilzen hatte er zu großen Respekt, um sie zu sammeln, und gegen Oma Schach zu spielen ist kein Zuckerschlecken. Oma spielt langsam, sie bevorzugt eine defensive Eröffnung und wartet dann auf Fehler des Gegners. Sie hat 1957 bei der Moskauer Jugend-Schacholympiade den vierten Platz erreicht. Gegen sie zu gewinnen ist zwar möglich, aber sehr anstrengend.

»Das sind keine Jobs, das sind Strafen«, meinte mein Sohn und blieb für die Ferienzeit arbeitslos.

Meine Tochter hatte für die Ferien Großes geplant: ihre erste Reise ohne Eltern, allein mit zwei ihrer besten Freundinnen nach Budapest. Dort wartete noch eine dritte Freundin auf sie, die mit ihrem Vater dorthin gefahren war und mit Papa in einem Fünfsternehotel mit Jacuzzi wohnte. So etwas Bonziges wollte meine Tochter nicht. Die Mädchen hatten ihre Reise sorgfältig geplant und von Berlin aus eine preiswerte Jugendherberge gefunden, die den protzigen Namen »Karl IV.« trug, aber trotzdem kleine gammelige Zimmer hatte. Wie sich später herausstellte, war außerdem die Dusche kaputt, und die Frühstücksbrötchen waren bereits um neun Uhr alle.

Karl IV. war angeblich der letzte ungarische König oder einer, der zuerst auf den Thron verzichtet, dann aber vergeblich versucht hatte, doch noch König zu werden. Er konnte sich nicht festlegen, war sein Leben lang ständig unterwegs. Nun war ihm zu Ehren die Jugendherberge nach ihm benannt worden. Der Gerechtigkeit halber muss an dieser Stelle gesagt werden, dass die ungarische Politik sich schon immer dadurch ausgezeichnet hat, dass die Ungarn sich nicht festlegen konnten. Im Zweiten Weltkrieg wechselten sie mehrmals die Seiten, später konnten sie sich lange nicht entscheiden, ob sie in die EU wollten oder doch lieber nicht, und sie streiten bis heute, ob eine Demokratie die richtige Lösung sei. Angeblich hatte König Karl in dieser historischen Jugendherberge übernachtet. Weder die kaputte Dusche noch die fehlenden Frühstücksbrötchen hätten ihn gestört. Man kann an seinem Beispiel sehen, dass nicht alle europäischen Könige einen ausschweifenden Lebensstil pflegten, manche lebten wie Studenten.

Budapest ist bei den Mädchen gut angekommen, vor allem seine Ähnlichkeit mit Berlin hat ihnen gefallen. Überall liefen Touristen herum, auf jeder Straße gab es McDonald's, Dönerbuden und Starbucks. Nur saßen anders als in Berlin hauptsächlich Omas in den ungarischen McDonald's. Möglicherweise hatten die Rentner in Budapest noch weniger Geld als die Jugend. Der Himmel war klar, und es war fünf Grad wärmer als in Berlin. Die Mädchen pendelten mit einem Wasserbus zwischen den Ufern von Buda und Pest, genossen die Freiheit, aßen vegetarische Nudeln beim schlechtesten Chinesen der Welt, wie mir Nicole erzählte, gingen shoppen und waren schnell pleite, obwohl sie sich nichts gegönnt hatten. Für ihr letztes Geld kauften sie Flaschenbier, Nektarinen und Paprika bei einer netten Paprikaverkäuferin auf dem Markt. Die Paprikas beschlossen sie als Souvenirs nach Deutschland mitzunehmen, mit den Nektarinen fütterten sie die Obdachlosen neben der königlichen Herberge, nur das Bier war zum Eigenverbrauch bestimmt.

Eine fremde Welt lockte die Mädchen in einer unverständlichen Sprache. Die Sonne schien, und es gab weniger Wolken als zu Hause. Die Geschäfte waren rund um die Uhr geöffnet, es gab alles und das überall, nur Zigaretten wurden in Budapest, anders als bei uns in Deutschland, bloß in speziell dafür eingerichteten kleinen dunklen Geschäften ohne Fenster verkauft, die wie

Mafiapuffs aussehen. Stets sah man großgewachsene, schnurrbärtige Männer in Lederjacken in diese Tabakgeschäfte hineingehen, doch keiner kam je wieder heraus. Anscheinend hat der Kampf gegen die Raucher in Ungarn die Endphase erreicht.

Die Mädchen entschieden sich für einen gesunden Zeitvertreib und gingen statt in Tabakläden lieber an die Donau, lagen am Ufer im Gras, beobachteten die vorbeischwimmenden Touristenboote, tranken Bier und redeten über die Zukunft. Jede von ihnen hatte eine große Begabung, sie wussten nur nicht genau, welche und waren deswegen ein bisschen verzweifelt und unsicher, ob sich ihre jeweilige Begabung zur rechten Zeit zu erkennen geben würde.

»Und, willst du auch wie dein Vater Geschichten schreiben?«, fragte Antonia Nicole.

»Ich glaube schon«, sagte sie. Aber anders als Papa wollte sie nur fiktive Geschichten schreiben, über die Unmöglichkeit der Liebe, über das Leid des Lebens, über Freundschaft und Tod.

»Das klingt gut«, meinte Antonia. »Du kannst gleich damit anfangen.«

»Also«, fing Nicole ihre Geschichte an. »Es war einmal in Ungarn. Ganz Budapest war infolge einer Atomkatastrophe ausgelöscht, das ganze Land, vielleicht sogar die ganze Welt. Auf jeden Fall wussten die Überlebenden nicht, ob die Welt noch existierte. Es gab auch

nur ein paar Menschen, die diese Katastrophe überstanden hatten, einen Mann und eine Frau. Er war,
als sich die Katastrophe ereignete, gerade auf der Pest-
Uferseite Zigaretten kaufen gegangen in einem dieser
Mafiapuffs. Sie hatte auf der Buda-Uferseite als Paprikaverkäuferin auf dem Markt gearbeitet und war gerade während der Explosion auf die Toilette im Keller
gegangen. Nur durch ein Wunder hatten sie die Explosion überlebt.

Als die beiden wieder nach draußen kamen, schien
die Welt tot. Was nun? Die Frau ging in Gedanken ver-
sunken am Ufer von Buda spazieren, als sie plötzlich
einen Mann am anderen Ufer stehen sah. Sie konnten einander nicht hören, sie konnten einander nichts
erzählen oder fragen, aber sie konnten sich gut sehen.
Sie trafen sich jeden Morgen, wussten aber nicht, wie
sie zueinander gelangen konnten, denn alle Brücken
waren zerstört, die Donau hatte eine starke Strömung,
und der Mann konnte nicht schwimmen, so viel hatte
sie verstanden. Sie gestikulierten miteinander heftig auf
Ungarisch. Am Anfang kamen sie einander fremd vor,
doch mit der Zeit entwickelte sich eine Liebesbeziehung. Sehr bald konnten sie nicht mehr leben, ohne einander zu sehen.

Eines Tages, als der Mann nicht zur üblichen Zeit
an seinem Ufer erschienen war, beschloss die Frau, zu
ihm zu schwimmen. Sie hatte vor der Strömung keine

Angst, auch nicht vor dem möglicherweise verseuchten Wasser, immerhin war sie Leistungsschwimmerin gewesen, bevor sie Paprikaverkäuferin geworden war. Sie schaffte es gut bis zur Mitte des Flusses, doch dann ergriffen sie Zweifel: Was, wenn der Mann gar nicht nett, sondern ein Blödmann war? Sie kannten einander nur vom Sehen. Vielleicht würde er sie nicht mögen, vielleicht sie ihn nicht. Von Zweifeln geplagt schaffte die Frau die letzten zwanzig Meter nicht mehr und ging unter – direkt vor den Augen des Mannes, der nur Zigaretten holen gegangen war und auf dem Rückweg ein Blumengeschäft für sie geplündert hatte, weil sein Leben ohne diese Frau keinen Sinn hatte. Er warf den Blumenstrauß ins Wasser, sprang hinterher und ging unter wie ein Stein. Denn anders als seine Freundin, die er nie richtig kennengelernt hatte, konnte sich der Mann überhaupt nicht über Wasser halten.

Die beiden verschluckte der Fluss, nur der Blumenstrauß kreiste auf der Donau, der Strömung folgend. Mal landete er bei Buda und mal bei Pest, doch es gab auf beiden Ufern niemanden mehr, der die Blumen aus dem Wasser holen und jemandem schenken konnte.«

»Was für eine traurige Geschichte«, seufzte Antonia.

»Schreib sie schnell auf, und erzähl sie deinem Vater nicht, sonst macht er wieder irgendeine Pubertätsstory daraus«, meinte Johanna.

Französisch lernen

Die Schulferien gingen zu Ende, wie immer plötzlich und unerwartet. Wir bereiteten uns mit den Kindern zusammen auf das neue Schuljahr vor. Obwohl: Was heißt zusammen? Das letzte Mal konnte ich meinem Sohn in der Grundschule noch bei den Matheaufgaben helfen, inzwischen muss ich wegen der Schwere der Aufgaben meistens passen. Dasselbe gilt in Chemie und Physik, von Latein oder, noch schlimmer, Französisch ganz zu schweigen. Ich tue trotzdem, was ich kann, um meinem Nachwuchs zu helfen. Daher ging ich auch mit Sebastian zum Telefonshop, nachdem sein Freundschaftsvolumen während des Sommers auf ein weiteres Gigabyte gewachsen und ein neuer Tarifvertrag notwendig war, um dieses Volumen zu verwalten und zu pflegen. So wird alles im Kapitalismus zur Ware. Als Erstes wird die Freundschaft im Netz angemeldet, als Zweites wird das Netz als Feld der absoluten Freiheit gepriesen, als Drittes kommt vom Feld der Freiheit eine saftige Rechnung. Die Grenzenlosigkeit deiner Kommunikation und die Stärke deiner Freundschaften werden in Gigabytes gemessen und finden sich als stolzes dreistelliges Ergebnis auf der Telefonrechnung wieder.

Die Mitarbeiter im Telefonshop kennen uns bereits, sie haben hauptsächlich Kunden wie uns, die mit ihren Kindern vorbeikommen und sich beschweren, dass ihre Kinder zu viele Freunde haben, und wissen wollen, was man dagegen tun könne. An seinem letzten freien Tag vor der Schule wollte ich meinem Sohn aber keine Lektionen über den Sinn der Freundschaft halten. Ich kaufte ihm einfach ein halbes Gigabyte aufs Handy, und er lud mich im Gegenzug zum Falafelessen ein. Auf unserer Straße gibt es einen beliebten Falafelladen, der den Schülern die Kantine ersetzt. Die Jungs und Mädchen aus Sebastians Schule sitzen dort gerne nach dem Unterricht, manchmal gesellen sich auch die Eltern dieser Schüler und ihre Lehrer dazu. Wo bekommt man schon für 3 Euro so viel gut verträgliches Essen wie beim Falafelmann? Außerdem entspricht der Laden den Anforderungen der Neuzeit: Die meisten Gerichte sind vegetarisch, werden nachhaltig zubereitet und ökologisch gegessen.

Mein Sohn ist ein konservativer Esser, einmal etwas probiert und für gut befunden, bestellt er immer dasselbe, nach dem alten russischen Prinzip, wonach das Bessere der Feind des Guten ist. Auch diesmal bestellte er ein Halumibrot, und ich tat es ihm nach. Der Falafelmann hinter dem Tresen war mitten im Ramadan und dem Durchdrehen nahe. Er sagte weder »Guten Tag« noch »Hallo« und begrüßte uns stattdessen mit einem Blick, in dem sich Ekel und Mitleid mischten, als wären wir Falafel mit Schweinefleisch. Wir hatten jedenfalls Verständnis für seine Situation. Noch mindestens drei Stunden bis Sonnenuntergang, er durfte nichts essen oder trinken, musste aber für die Andersgläubigen ständig Essen zubereiten und Tee aufgießen. Unsere Brote bereitete er ohne hinzusehen, legte sie auf ein Tablett und verschwand im dunklen Hinterraum. Draußen vor dem Laden tobte inzwischen das Leben. Kinderwagen, Hunde, Fahrradfahrer und Bauarbeiter liefen und fuhren ununterbrochen an uns vorbei.

»Da ist meine Französischlehrerin«, sagte Sebastian. Er zeigte auf eine hübsche Frau auf einem Fahrrad, die gerade an unserem Tisch vorbeiraste und eine Duftspur ihres Parfüms in der Luft hinterließ.

Bei der Erinnerung an Französisch wurde Sebastian ernst. Es ist nämlich das Fach, in dem er am stärksten schwächelt.

»Weißt du, warum ich so schlecht in Französisch bin?«, fragte er und schaute nachdenklich auf die Falafel. »Zwei Gründe: Zum einen ist diese Sprache unglaublich kompliziert, es gibt sehr viele fiese Regeln, und nichts wird so geschrieben, wie es ausgesprochen wird. Und zweitens muss ich mich beim Französischen immer unglaublich anstrengen, um nicht schwul auszusehen. Auf Französisch wird viel gestikuliert, das hast du bestimmt in französischen Filmen gesehen. Wenn Louis de Funès das macht, ist es in Ordnung. Aber wenn ich das mache, kommt es total schwul rüber, und die Lehrerin glaubt, ich möchte ihre Lieblingssprache veralbern.«

»Aber bei den anderen aus eurer Klasse funktioniert das Französische doch auch irgendwie?«, wunderte ich mich.

»Nein«, meinte Sebastian. »Alle Jungs, die den Stimmbruch hinter sich haben oder gerade im Stimmbruch sind, haben mit dieser Sprache ein großes Problem. Je männlicher man ist, umso schlechter ist man in Französisch. Es hört sich total schwul an, wenn ich Französisch rede. Ich bin der Männlichste in der ganzen Klasse, deswegen verfolgt mich die Lehrerin. Sie taucht immer scheinbar ganz zufällig da auf, wo ich gerade bin. Ich kann nicht einmal in Ruhe Falafel essen. Gestern habe ich sie im Park getroffen. Ich war gerade nicht allein, ich saß mit einem Mädchen auf einer Bank. Da radelt plötzlich meine Französischlehrerin aus dem Busch auf uns zu und ruft: ›Da bist du also, Sebastian! Du sitzt hier im Park auf der Bank, statt zu Hause Französisch zu lernen!‹ ›Wir lernen hier gerade

Französisch‹, sagte ich, aber die Lehrerin hat nur gelacht, den Kopf geschüttelt und ist weitergefahren. Ich glaube, sie hasst mich.«

»Du übertreibst, sie hasst dich nicht, im Gegenteil. Sie mag dich wahrscheinlich besonders gern und will unbedingt mit dir Französisch reden!«, verteidigte ich die Lehrerin.

Es war natürlich ein schwacher Trost, doch anders konnte ich ihm nicht helfen. Niemand bei uns in der Familie beherrscht diese Sprache. Meine Mutter vergöttert sie zwar, aber nur des Klanges wegen. Sie schaltet im Fernsehen stets irgendwelche französischen Sender ein, obwohl sie kein Wort versteht. Angeblich kann sie zum Klang dieser Sprache besser einschlafen. Sie ist außerdem überzeugt, das Wesen der Franzosen irgendwie intuitiv zu verstehen.

»Nur Franzosen können so enthusiastisch und lebensbejahend lächeln«, meint meine Mutter. Auch wenn sie sie nur vom Bildschirm kennt.

»Das ist ein Verkaufssender, Mama, den du dir da reinziehst, in diesem Sender müssen sie enthusiastisch lächeln, sonst werden sie nichts verkaufen«, versuche ich sie immer wieder über die wahren Beweggründe der munteren Franzosen aufzuklären.

»Du glaubst nicht an die Fröhlichkeit der Menschen, du witterst überall Betrug«, kontert meine Mutter. »Selbst wenn diese Menschen etwas verkaufen, heißt es noch lange nicht, dass sie ihre gute Laune vortäuschen.«

»Natürlich nicht«, nicke ich. Ich möchte mit meiner Mutter nicht übers Fernsehen diskutieren. Seit sie ein neues großes Programmpaket bei einem Kabelanbieter gekauft hat, ist ihr Kopf zum permanent überschwemmten Gebiet geworden. In ihrer Wohnung lebt die ganze Welt und zwar in voller Lautstärke, weil meine Mutter schlecht hört. Die Nachbarn denken wahrscheinlich, bei ihr fände eine Dauerparty statt. Nach den Geräuschen zu urteilen, ist dort der Teufel los. Laut lachende Franzosen, arabische Knabenchöre, japanisches Lottospiel und eine endlose russische Fernsehserie, »Die Geheimnisse des Instituts der würdigen Frauen«, die bereits seit so vielen Jahren ausgestrahlt wird, dass niemand mehr die Geschichte nachvollziehen kann.

Meine Mutter sitzt tagelang auf dem Sofa, zappt durch die Kanäle und findet beinahe jede Woche irgendein neues Programm, das sie sich mit Begeisterung ansieht. Ich habe meine Mutter einmal durch die Programme begleitet und staunte nicht schlecht, wie vielfältig das Angebot geworden ist. Es gibt Fernsehen für kleine Babys, für Menschen, die malen lernen wollen, aber nicht können, und für Menschen, die Briefmarken sammeln. Die ehrlichsten sind die Kanäle für Hunde und Katzen. Auf dem einen werden in einer Endlosschleife Stöcke und Bälle hin- und hergeschmissen, auf dem anderen laufen Mäuse über den Bildschirm, und kleine Spatzen fliegen durch die Luft.

Klassenfahrten

Anfang der Neunzigerjahre des vorigen Jahrhunderts wurde in unserem Bezirk der Grundstein für einen lokalen Babyboom gelegt. Damals gingen einige Staaten unter, meine Heimat die Sowjetunion und die DDR lösten sich auf, zusammen mit ihren Grenzkontrollen, Ideologien und Mauern, und die Bürger der beiden Länder bekamen einen kurzzeitigen Urlaub vom Joch der Staatsgewalt und hauten ab. Vor allem junge Menschen nutzten die Bresche im Staatsmonopol, um wegzufahren: Die kreative Jugend des Ostens träumte davon, sich aus der Obhut der ostdeutschen Ideologen und Pädagogen zu befreien, die Jugend des Westens davon, endlich ihren spießigen Kleinstädten mit ihren Küchen, Kuchen und Kirchen den Rücken zu kehren. Die befreiten Ossis und Wessis trafen sich in Berlin Prenzlauer Berg und gründeten Lebensgemeinschaften. Sie versuchten, ihre alternativen Lebensentwürfe zu verwirklichen und so viele neue freie Bürger wie möglich zu zeugen.

Aus dieser historischen Begegnung resultiert unter anderem die Tatsache, dass in der Schule meiner Tochter mittlerweile sechs zehnte Klassen und fünf achte Klassen vorhanden sind. Eine riesige Armee von frechen, selbstbewussten, immer hungrigen Kindern bereitete sich am Ende ihres Schuljahres auf die Klassenfahrten vor. Von ihren Lehrern bekamen sie bereits im Vorfeld der Reise Warnzettel, die sie disziplinieren sollten. Nur eine Zigarette oder ein Schluck Alkohol, von anderen Drogen ganz zu schweigen, und ihr werdet sofort von den Eltern abgeholt!, stand dort. Die Schüler lachten darüber nur. Alle Klassenfahrten hatten romantische, weit entfernt liegende Reiseziele. Amsterdam, Polen, die Nordsee. Die Warnungen schienen unglaubwürdig. Welcher Papa fuhr schon extra nach Polen, um sein Kind abzuholen? Oder nach Amsterdam?

Die Klasse meines Sohnes hatte ein aus meiner Sicht weniger spektakuläres Reiseziel zugeteilt bekommen: die Stadt Trier. Ich war dort bereits mehrmals gewesen und versuchte Sebastian im Vorfeld der Reise aufzuklären.

»Eine langweilige Kleinstadt«, sagte ich. »Angeblich die älteste Stadt Deutschlands, das macht sie aber nicht besser. Ein paar alte Steine von den Römern liegen noch herum, wahrscheinlich sind die Römer selbst in Trier vor Langeweile versteinert. Dann gibt es noch einen Dom und ein Karl-Marx-Museum.«

Seine Mama erzählte Sebastian so ziemlich das Gegenteil: Laut ihrer Erzählung sollte Trier eine wunderbare alte Stadt am Meer sein, mit Hafen, Strand und einem weißen Schloss am Ufer. Dort sei einmal eine Prinzessin aus einem der vielen Schlossfenster gesprungen, erzählte Olga weiter. Ich staunte über ihre Geschichten, wollte aber aus Höflichkeit nicht widersprechen. Wahrscheinlich haben wir Trier von völlig unterschiedlichen Seiten kennengelernt, dachte ich, sagte aber nichts. Erst am Bahnhof, um 8.00 Uhr früh am Gleis stehend und Sebastian winkend, stellte meine Frau von allein fest, sie habe Trier mit Triest verwechselt.

»Ruf bitte sofort deinen Sohn an, er soll das über die Prinzessin nicht weitererzählen«, bat sie mich.

»Sebastian«, sagte ich dem Jungen am Telefon, »vergiss bitte alles, was Mama dir erzählt hat.«

»Wie – alles?«, erschrak Sebastian am Hörer. In den vierzehn Jahren seines Lebens hatte ihm Mama ziemlich viel erzählt.

»Nein, nicht alles, nur alles über Trier. Sie hat die Städte verwechselt. Karl Marx ja, Prinzessin nein«, versuchte ich dem Sohn die Wahrheit nahe zu bringen.

»Das ist egal«, sagte Sebastian am Telefon, »wir kommen sowieso nie in Trier an. Wegen Überschwemmung.«

Tatsächlich kam Sebastians Prognose der Wahrheit

ziemlich nahe: Der Zug wurde zwei Mal umgeleitet. Dafür aber, dass sie das Reiseziel erst auf Umwegen erreichten, bekamen die Kinder freie Getränke von der Deutschen Bahn.

»Wer weiß«, meinte Sebastian mit nachdenklicher Stimme am Telefon, »was besser ist: mit Getränken ohne Karl-Marx-Museum zu leben oder ohne Getränke mit. Der Weg ist das Ziel«, brachte er es philosophisch auf den Punkt.

Endlich in Trier angekommen wurde die Klasse in einem Behindertenheim einquartiert. Sie gingen ungern raus, spielten miteinander und mit den Einheimischen Tischtennis und telefonierten pausenlos mit Berlin.

Die zehnte Klasse meiner Tochter ging währenddessen brav weiter zur Schule. Sie war in der einzigen Klasse, die in Berlin geblieben war, weil niemand von den Erziehungsberechtigten zu dem Risiko bereit gewesen war, mit dieser Klasse auf Reisen zu gehen. Deswegen sollten die Schüler die ganze letzte Woche in lebensbejahenden und informationsreichen Workshops und Kursen verbringen. Nicole überlegte kurz und beschloss, sich für den Russischsprachkurs anzumelden.

»Wozu brauchst du Russisch, wo du doch fließend Russisch sprechen kannst?«, wunderte ich mich.

»Ich will einmal im Leben die Beste sein«, lautete ihre Antwort.

Nicole schaffte es sofort, sich größere Autorität als die Lehrerin des Kurses zu verschaffen. Bereits am zweiten Tag erzählte sie zu Hause augenrollend, was für eine furchtbare Aussprache diese habe und wie blöd die Jungs in der Gruppe sein mussten, weil sie bereits seit mehreren Jahren Russisch hatten und noch immer nur *spasibo, davaj* und »zieh dich aus, blöde Kuh« sagen konnten. Außerdem konnten sie Russisch lesen, sie hatten alle Buchstaben auswendig gelernt und lasen seitenweise russische Bücher. Bloß verstanden sie vom Gelesenen nichts. Nicole brachte sofort der ganzen Klasse ein paar richtig gute russische Schimpfworte bei, erzählte von russischen Sitten und Bräuchen und enttäuschte die Lehrerin mit der Feststellung, dass nicht alle Russen gerne Wodka tranken und überall im Schlafzimmer Matrjoschkas stehen hätten. Als die Lehrerin erfuhr, dass wir zu Hause nicht einmal einen Samowar besaßen und stattdessen einen chinesischen Teekocher benutzten, war sie der Verzweiflung nahe. Ihr ganzes Russland-Bild drohte zusammenzubrechen, berichtete uns Nicole.

Gleichzeitig versuchte meine Tochter, die Klasse über die russische Küche aufzuklären. Sie unternahmen einen Ausflug zum großen russischen Lebensmittelladen in Berlin und kauften dort auf Nicoles Rat hin allerlei Lebensmittel, um am nächsten Morgen ein Russenfrühstück in der Schule zu sich zu nehmen. Nicole erklärte sich zur großen Köchin, stellte jedoch zu Hause die Oma an den Herd – aus Sicherheitsgründen. Der Russischkurs hat sich daraufhin am Russenfrühstück überfressen. Als Vorspeise gab es Blinis, als Hauptgang Pelmenis und Kuchen, mit einem Wort alles, was Russen begeistert aus Teig kneteten.

In Trier gab es nur Spätzle mit Tomatensauce. Sebastians Zug blieb auf dem Rückweg erneut stehen – wegen Vandalismus am Gleisbett –, und die Deutsche Bahn überschüttete die junge Generation prompt noch einmal mit kostenlosen Getränken.

Der Juni war beinahe zu Ende, als die Kinder ihre Zeugnisse bekamen. Sie haben gut abgeschnitten, mit zwei Komma sieben und zwei Komma neun, Sebastian hatte sogar eine Eins – in Musik, obwohl wir ihn nie singen gehört haben. Die jungen Menschen liefen von sich selbst begeistert mit ihren Zeugnissen von Zimmer zu Zimmer, von Wohnung zu Wohnung und sammelten von den Omas das sogenannte Zeugnisgeld ein. Das musste sein, harte Arbeit musste belohnt werden. Es ist anstrengend, erwachsen zu werden.

Kommen und gehen

Die Pubertät ist ein ständiges Kommen und Gehen, als würde irgendeine mystische Kraft diese jungen Menschen hin und her treiben. Ihre halbe Lebenszeit treffen sie sich und verabschieden sich wieder. Alles, was sie auf der Straße finden, schleppen sie mit nach Hause: ihre Freundinnen und Freunde, ihre Vorstellungen von Gut und Böse, von Schön und Unschön. Manchmal bringen sie auch gute Noten von der Schule mit nach Hause. Ich staune dann jedes Mal über die Klugheit und Intuition dieser Kinder.

So hat mein Sohn für alle und vor allem für sich selbst unerwartet eine Zwei plus aus dem Geschichtsunterricht mit nach Hause gebracht. Seine Aufgabe war, eine satirische Zeichnung aus dem Jahr 1848 zu deuten. Auf dem Bild konnte man ein Seeungeheuer erkennen, eine Mischung aus Delphin und Aal, mit einem Schildchen »Liberty« auf der Brust. Auf unruhiger See in gefährlicher Nähe zu dem Ungeheuer saßen mehrere Menschen mit Kronen auf den Köpfen in einem Holzboot und ängstigten sich vor dem Tier. Mein Sohn analysierte das Bild messerscharf, er erkannte in den bekrönten Personen im Boot Monarchen und im Seeungeheuer den Unwillen der Völker, weiter unter dem Joch der Monarchie zu leben und zu arbeiten. Allerdings sahen die Könige im Boot ziemlich hilflos aus, schon auf den ersten Blick wurde klar, dass sie gegen »Liberty« keine Chance hatten. Gleichzeitig erkannte man auf dem Bild aber auch, wie gefährlich, wie unlenkbar »Liberty« war. Sie würde von den paar Königen sicher nicht satt werden. Auch das erkannte mein Sohn und bekam dafür höchstes Lob von der Lehrerin.

Die Analyse hatte ihn allerdings müde und erschöpft gemacht.

»Ich kann nicht mehr«, sagte Sebastian. »Dieses ständige Wachsen, es geht mir in die Knochen. Gibt es vielleicht irgendein Mittel, eine Medizin, die einen in Sekundenschnelle auf die Endmasse wachsen lässt?«

»Ich kenne so eine Medizin nicht«, antwortete ich. »Ich kann dich höchstens an den Ohren hochziehen. Bei uns in der Sowjetunion wurden wir regelmäßig ab dem vierzehnten Lebensjahr von älteren Kameraden an den Ohren hochgezogen, und es hat funktioniert, wir wurden schnell erwachsen. Aber hundertprozentig kann ich nicht garantieren, dass es bei dir auch klappt.«

Mein Sohn lehnte die sowjetische Methode des schnellen Erwachsenwerdens ab.

»Ich gehe jetzt, ich muss«, beschloss er stattdessen.

»Du warst doch gerade eben noch müde und fertig?«, sagte ich.

Ihm ginge es schon besser, meinte er. Sein Leben ist ein Mysterium, er hat keine Ruhe, er pendelt zwischen Diesseits und Jenseits, zwischen drinnen und draußen.

»Ich gehe Tung besuchen, seine Eltern sind ausgegangen, er sitzt ganz allein zu Hause und kommt mit den Mathe-Aufgaben nicht klar.«

»Grüß ihn von mir!«, sagte ich. Sebastians vietnamesischer Freund Tung hat es nicht leicht. Seine Eltern sind streng und wollen aus ihm den besten Schüler machen.

Eine halbe Stunde später klingelte das Telefon.

»Hier ist Tung, kann ich Sebastian sprechen?«

»Der ist zu dir gegangen, ist er etwa noch nicht angekommen?«, wunderte ich mich.

»Doch, doch! Ach ja, jetzt sehe ich ihn«, freute sich Tung. »Danke, dass Sie es mir gesagt haben. Hier ist er natürlich! Hallo, Sebastian!«, rief Tung laut und legte schnell auf.

Zur gleichen Zeit klingelte es an der Tür, Sebastian erschien wieder und setzte sich in nachdenklicher Pose im Korridor auf den Boden.

»Ich glaube, ich gehe jetzt zu Tung«, sagte er.

»Du bist bereits bei Tung, er hat dich gerade eben laut begrüßt, das habe ich mit eigenen Ohren gehört. Du kannst unmöglich zu gleicher Zeit bei Tung sein und zu Tung gehen«, bemerkte ich mit messerscharfer Logik.

»Doch, kann ich«, erwiderte mein Sohn und wurde rot im Gesicht. »Ich war schon fast bei Tung, da habe ich mich erinnert, dass ich sein Geschenk vergessen habe, sein Geschenk, auf das er sehnsüchtig wartet. Also bin ich schnell zurück, um das Geschenk zu holen, und gehe jetzt zu Tung.«

»Ich wünsche dir einen unbeschwerlichen Weg, grüß den anderen Sebastian auch herzlich von mir«, winkte ich.

Drei Mal ist mein Sohn innerhalb eines Tages zu Tung gegangen und ist dort anscheinend doch nicht angekommen. Dafür wurde er mit einem blonden Mädchen im Park gesehen.

»Wie heißt dein Tung wirklich?«, fragte ich diskret.

»Das willst du nicht wirklich wissen«, konterte er.

Die Geschmäcker der neuen Generation

Die größte Sorge eines Heranwachsenden ist sein Selbst. Wie unterscheide ich mich von meinen Freunden, von Schurken und Feinden auf dem Schulhof, und vor allem, wie unterscheide ich mich von meinen Eltern? Womit kann ich angeben?

Im vorigen Jahrhundert haben wir hauptsächlich mit unseren übermenschlichen Eigenschaften und Fähigkeiten angegeben. Jeder von uns verfügte über einmalige Talente. Einer konnte freihändig Fahrrad fahren, sogar im Wald. Ein Mädchen aus unserer Klasse konnte unglaublich weit und zielgenau spucken. Sie konnte eine Taube treffen, die zwei Meter über ihrem Kopf auf dem Baum saß. Ein anderer Freund von mir konnte unheimlich gut fluchen. Die ganze Klasse schwieg, wenn er zu fluchen anfing. Mein dritter Freund war gut in Chemie und konnte aus jedem Müll eine Bombe basteln. Wir hatten außerdem noch einen Wahrheitssuchenden, der immer und jedem die Wahrheit ins Ge-

sicht sagte, und einen Klugscheißer, der unsere Eigenschaften ständig infrage stellte und kritisch über alle
anderen herzog. Die letzten beiden wurden mehr ge-
duldet als akzeptiert. Wahrheitssucher und Klugscheißer sind immer an allem schuld, sie haben mit ihrem
Misstrauen und ihrer ewigen Besserwisserei die Welt zu
dem gemacht, was sie ist. Beide drängt es naturgemäß
in die Politik, wo sie dann nach der Regierung stre-
ben. Hätten stattdessen Idioten und Spinner das Sagen, würde die Welt möglicherweise weniger leiden.

Auf jeden Fall hatten wir eine spannende Jugendzeit.
Durch äußere Merkmale wie Klamotten, Essen oder
Plattensammlungen konnten wir uns nicht deutlich
genug voneinander abgrenzen. Die Sowjetunion war
ein Staat des magischen Realismus, der hauptsächlich
Ideen und Ideologien produzierte. Mit jeder Art Materie hatte dieser Staat Probleme. Anstatt Klamotten zu
nähen oder Kühe zu melken, sind die Sowjetbürger entweder zu anderen Sternen geflogen, oder sie haben aus
Neugier tiefe Löcher in die Erde gebohrt. In der Zwi-
schenzeit haben sie gesoffen, geschlafen und geträumt.
Ein Wunder, dass dieser Staat mit seiner großen Bevölkerung es überhaupt auf siebzig Jahre gebracht hat,
ohne vollzählig ins All abzufliegen oder unter die Erde
zu geraten. Wir konnten uns als Jugendliche keine andere Gesellschaft vorstellen, es galt als selbstverständlich, dass die Weltraumforschung wichtiger war als der

Inhalt der Warenhäuser. Also trugen wir alle die gleichen Klamotten, aßen und tranken dasselbe und hörten, wenn überhaupt, die gleiche Musik.

Bei den heutigen Heranwachsenden ist ihr Auswahlverfahren als Konsumenten der wichtigste Grundstein ihrer Persönlichkeitsgestaltung. Und hier wiederum spielen Klamotten eine entscheidende Rolle. Von den Läden, in denen sie einkaufen gehen, sind manche voll angesagt, andere dagegen schier tabu. Welcher Art Mode sie anhängen, ob sie Stadthipster oder Indihipster sind, ist enorm wichtig. Dazu kommt dann der Musikgeschmack. Im Durchschnitt werden auf jedes iPhone 3000 Songs heruntergeladen, sie sollen eine ganz persönliche, individuelle Musiksammlung bilden, die ausschließlich die eigenen Wünsche, Träume und Vorlieben des iPhone-Besitzers widerspiegeln. Bei ihren Frisuren wiederum benutzen die Jugendlichen zahllose Haarschattierungen. Die Farbpalette ihrer Haare dient als Parole, die nähere Einzelheiten über den Inhalt eines Menschen verrät.

Aber trotz der ganzen Mühe hören sie am Ende doch alle dieselbe Musik, tragen die gleichen Klamotten und Frisuren und sind überhaupt kaum voneinander zu unterscheiden. Wie der Kapitalismus es immer wieder schafft, einer ganzen Generation vorzugaukeln, sie hätten sich alle freiwillig für das Gleiche entschieden, muss unklar bleiben. Es ist der älteste kapitalistische

Trick. Denn die wichtigste kapitalistische Produktion ist die Produktion von Lebenskonzeptionen. Sie werden in einer kleinen, unauffälligen Traumfabrik hergestellt und gratis unters Volk gebracht. Danach werden eine Menge Waren kostenpflichtig nachgeliefert, die notwendig sind, um diesen Vorstellungen zu entsprechen. Besonders in der Lebensmittelproduktion ist dieser Trick gut nachzuvollziehen. So ist eine ganze Generation auf der Suche nach ihrem wahren Ich im Handumdrehen vegetarisch geworden. Manche sogar vegan, weil sie Tiere über alles lieben, viel mehr als Pflanzen.

Mich beeindruckt dieser plötzliche Ausbruch der Tierliebe. Im Freundeskreis meiner Tochter gibt es nur noch zwei Menschen, die Fleisch essen. Beide sind Jungs und ziemliche Außenseiter. Die Mädchen essen definitiv keine Lebewesen, sie lieben Tiere. Gut, natürlich haben Mädchen auch früher Tiere geliebt, in der Regel entwickelte sich diese Liebe in der bewährten Reihenfolge: Pferd, Hund, Freund. Heute äußert sich die Liebe zu Tieren in einer vegetarischen Diät: Müsli, Salat, noch ein Salat, Freund – lautet heute die Parole. Meine Tochter ernährt sich seit zwei Wochen vegetarisch.

»Tiere und wir«, erklärt unsere Tochter uns jeden Abend, »haben doch so viel gemeinsam.«

Aus meiner Sicht haben wir viel mehr Gemeinsames mit Pflanzen, aber ich schweige lieber. Auf dem Weg zur Schule, wo früher eine Imbissbude nach der anderen aus dem Boden schoss, entstehen beinahe täglich neue Läden, die nur Salate verkaufen, Grünzeug mit lustigem Namen: »Salat des Glücks« oder »Friedenssalat«, 7,50 € ein Teller voll.

Johanna, eine Freundin meiner Tochter, hatte auch bei ihren Geschwistern, den zehnjährigen Zwillingsbrüdern, für ein vegetarisches Leben Propaganda gemacht. Bei dem einen hatte sie Erfolg, bei dem anderen nicht. Jetzt liebt der eine Tiere und will nichts essen außer Salat, während der andere noch mehr Appetit auf Fleisch bekommen hat – ein großes Problem für die Mutter, die nicht mehr weiß, was sie kochen soll. Überall auf der Welt scheinen Vegetarier auf dem Vormarsch zu sein. Mit Tierliebe bewaffnet werden sie die Avantgarde sein im Kampf gegen den größten Menschenfeind der Gegenwart: die Fettleibigkeit. Die Traumfabrik schlägt Alarm, wir leben nämlich mitten in einer Fettleibigkeitsepidemie. Es ist längst empirisch belegt: Nicht nur Menschen, auch Tiere und Vögel, sogar die Labormäuse in den wissenschaftlichen Instituten, die bei strenger Diät gehalten werden und immer das Gleiche vorgesetzt bekommen, werden dicker und dicker – von den Laboranten ganz zu schweigen. Von ersten Fetttoten ist die Rede.

Wie konnte es so weit kommen, dass wir im Kampf gegen die eigenen Bäuche draufgehen? Niemand kann das zweifelsfrei erklären, es gibt verschiedene Theorien dazu. Die Theologen sagen, dies sei die Suche der Atheisten nach der neuen Sünde. Die modernen Menschen haben sich von ihren Kirchen, ihren Religionen losgesagt und können nun zwar ohne Gott und Messe wunderbar leben, aber sie denken noch immer in christlichen Moralvorstellungen. Sie müssen sich selbst vergeben können, um glücklich zu sein. Ohne Sünde gibt es aber keine Vergebung, ohne Beichte keine Rettung. Die Sünden aus dem Alten Testament – du sollst nicht stehlen und töten – sind banal und zu einer Selbstverständlichkeit geworden, außerdem wird ihre Befolgung durch das Strafgesetzbuch gewährleistet. Die Gebote der Neuzeit sorgen dafür, dass jeder von uns zu jeder Zeit und permanent ein schlechtes Gewissen haben kann. Du solltest nicht rauchen und trinken, du solltest fit bleiben, du solltest kein Fleisch essen, und schon gar nicht nach 19.00 Uhr, lauten die neuen Parolen. Im Grunde wird alles, was Spaß macht, als Sünde gebrandmarkt.

Die Marxisten sehen dieses Problem allerdings in einem ganz anderen Licht. Sie sagen: Die allgemeine Weltverfettung ist eine neue Art der Ausbeutung. Warum werden sogar Bauern in Peru und Ecuador immer dicker, die traditionell mit ihrer Schlankheit die Amerikaner und Europäer verblüfft haben? Ihre natürliche Nahrung – Quinoa-Körner – stößt bei den Veganen und Vegetariern aus reichen Ländern auf riesige

Nachfrage. Ihr Proteingehalt ist sehr hoch, und sie schmecken all den verwöhnten Schnöseln, die Tiere zu sehr lieben, um sie zu essen. Für die Bauern in Peru ist es gewinnbringender geworden, ihre Körner zu exportieren, als sie selbst zu essen. Sie verkaufen ihre traditionelle Nahrung ins reiche Ausland, steigen selbst auf Fleisch und Mais um und werden von Jahr zu Jahr immer dicker. Die Marxisten sagen: Der Schönheitswahn der Reichen macht die Armen dick, denn sie mussten schon immer für die Späße der Reichen die Zeche zahlen. Früher haben die Reichen Weizenbrot gegessen, viel Alkohol getrunken, sich wenig bewegt und wurden dick. Die Armen dagegen haben sich stets körperlich angestrengt, sie haben Rohkost und kalorienarm gegessen und blieben dünn.

Manchmal macht die Geschichte eine Rückwärtsrolle: Alles dreht sich um 180 Grad. Nicht umsonst kommt man mit dem Kopf nach vorne auf die Welt und wird mit den Füßen zuerst zum Friedhof getragen. Heute essen die Reichen Rohkost und kalorienarm, trinken mäßig und strengen sich an, wenn auch nur sinnlos in Fitnesscentern auf dem Laufband. Sie werden dünn und stark. Die Armen dagegen trinken viel Alkohol, essen Weizenbrot und bewegen sich wenig wegen der allgemeinen Arbeitslosigkeit und den spannenden Nachmittags-TV-Programmen. Die Armen werden dick.

Die Russen glauben weder an den Kapitalismus noch an Gott, sie sind Fatalisten. Also wird auch alles gegessen, was auf den Tisch kommt. Jede Speisekarte besteht hier aus Kompromissen. Eine Kuh wird als Milchprodukt angepriesen, und die Wassermelone gilt offiziell als Traube, der Salat ist hier manchmal fetter als die Wurst, und auf die Frage »Was essen vegane Kannibalen?« wird geantwortet: »Greenpeace-Aktivisten!«

Erderwärmung

Schon mein Vater und dessen Vater saßen in ihrer Freizeit am liebsten in der Küche und versuchten mit einem Glas in der Hand ihre Weltanschauung ihren Freunden und Familienangehörigen mitzuteilen, oft gegen deren Willen. Die Küchenphilosophie war ihr Hobby. Es liegt wohl in der Familie, denn meine beiden Kinder neigen ebenfalls zum Philosophieren! Nur verfolgt meine Tochter eine Betrachtungsphilosophie, die keine Antworten sucht und stattdessen die Welt bloß noch undurchsichtiger macht, während die Philosophie meines Sohnes immer auf der Suche nach klaren und unmissverständlichen Konzepten ist, universalen Wahrheitsschlüsseln, mit denen man alle Geheimnisse des Lebens knacken kann. Meine eigene Philosophie ist eine magische Spinnerei.

»Und, Papa, glaubst du an die globale Erwärmung?«, fragte mich mein Sohn während des Frühstücks.

Draußen regnete es, dessen ungeachtet berichtete der

Radiomoderator, es werde jedes Jahr wärmer, das Eis schmelze, eine Erhöhung um nur zwei Grad würde für die karibischen Inseln das Ende bedeuten, große Teile der Erde würden überflutet, mehrere Inselstaaten evakuiert werden müssen. Dazu käme, dass in Japan seit Jahren radioaktiv verseuchtes Wasser aus dem beschädigten AKW direkt ins Meer liefe, die Fische Massenselbstmord begingen, indem sie ans Ufer sprangen, und niemand wisse, wie den Fischen und den Japanern zu helfen sei. Sogar die Amerikaner, die sonst immer alles besser wüssten, würden schweigen. Die ganze Welt schien aus dem Gleis gesprungen zu sein.

»Ich halte diese Aufregung für Panikmache«, sagte Sebastian. »Ich kann zwei Grad Erderwärmung problemlos aushalten.«

Das stimmte. Wir waren im Jahr zuvor mit ihm sogar in der russischen Sauna auf dem Land gewesen, wobei es aus europäischer Sicht eigentlich keine Sauna, sondern eine Menschenverbrennungsanlage war. Die Russen übertreiben gern. Sinn und Spaß des dortigen Saunabesuchs besteht nicht zuletzt darin, dass alle Saunagäste wie Champagnerkorken mit lautem Knall aus der Sauna schießen und in den Schnee springen. Sebastian blieb tapfer noch bei 99 Grad Celsius sitzen. Ich kann Hitze auch besser als Kälte aushalten. Trotzdem machten wir uns natürlich Sorgen um die Karibik und die anderen Inselstaaten.

»Die Menschen sollten lernen, die Erdtemperatur zu regulieren«, sinnierte mein Sohn. Das sei das Problem, dass die Menschen nie etwas lernten. Selbst ihr bereits errungenes Wissen nutzten sie oft gegen sich selbst.

»Wir vernichten uns ständig gegenseitig, wir sind eine Gefahr für diesen Planeten!«, mischte sich meine Tochter ins Gespräch ein. »Egal wie selbstbewusst jeder Einzelne von uns dagegensteuert, ob er als Greenpeace-Aktivist in der Arktis gegen russische Ölbohrplattformen kämpft wie Don Quijote oder wie Brigitte Bardot in Frankreich, die für alte französische Elefanten die russische Staatsbürgerschaft beantragt hat, damit sie als russische Staatsbürger in einem russischen Zoo nicht mehr durch eine französische Giftspritze getötet werden können, dieser Wahnsinn der guten Taten bringt uns nur noch tiefer in die Sackgasse. Der allgemeine Trend zeigt, der Mensch ist eine tickende Zeitbombe, er belastet die Natur. Daher ist er als ständig wachsende Population nicht länger hinnehmbar. Also entspannt euch und genießt die letzten Tage, solange es noch geht«, verbreitete meine Tochter ihre Untergangsstimmung.

»Und du, Papa?«, wiederholte Sebastian. »Was hältst du von der Erderwärmung?«

»Ich bin in einem planwirtschaftlichen Staat aufgewachsen«, sagte ich, »ich glaube an den Plan. Der Sozialismus hatte einen Plan, die Natur entwickelt sich nach Plan, und Gott hat ganz bestimmt auch einen Plan. Das Problem ist, dass wir seinen Plan nicht kennen, wir wissen nicht, was er macht, wir können nur raten. Vielleicht kocht er. Vielleicht sind wir alle Teile einer Suppe oder einer Vorspeise auf dem Teller Gottes, einer lauwarmen Vorspeise selbstverständlich. Ein Schäfer in Südfrankreich brachte mir einmal bei, wie man Weinbergschnecken richtig zubereitet. Man darf sie nämlich nicht gleich ins kochende Wasser werfen. Sie würden einen Schock erleiden, dabei alle Muskeln zusammenziehen und zu kleinen Steinchen mutieren, noch bevor sie sterben. Damit aber wären die Schnecken ungenießbar, man kann sie nicht mehr weich kochen. Deswegen werden sie in lauwarmes Wasser gegeben und auf kleiner Flamme sehr langsam erhitzt. Am Anfang sind sie glücklich. Sie glauben am Strand oder endlich im Paradies angekommen zu sein, sie entspannen sich vollkommen und genießen die Wärme. Mit der Zeit steigt die Temperatur im Topf, doch bevor die entspannten Schnecken sich zu fragen beginnen, ob hier möglicherweise etwas schiefläuft, sind sie schon gekocht, serviert und zu gutem Weißwein verspeist.«

Betretenes Schweigen breitete sich in der Küche aus.

»Ein Glück, dass ich Vegetarierin bin«, bemerkte meine Tochter überzeugt.

»Aber mit Gemüse wird auch oft sehr hinterhältig umgegangen«, parierte ich. »Die Russen zum Beispiel übergießen ihre frischen Gurken mit eiskaltem Wasser, bevor sie sie in einer kochenden Marinade einlegen. Die Gurken spannen ihre Gurkenmuskulatur im kalten Wasser an, sie fühlen sich sportlich und gesund und werden richtig knackig. Dann werden sie schnell in eine kochende Marinade geworfen, verlieren aber auch danach ihre Knackigkeit nicht. Wenn es stimmt, dass wir nach dem Abbild Gottes erschaffen wurden, müssen wir von unserem Schöpfer auch kochen gelernt haben«, entwickelte ich meine Theorie weiter. »Wir kochen hinterhältig. Und die Japaner sind die absoluten Champions in Sachen hinterhältige Gastronomie. Bei einem Gericht lassen sie kleine Fischchen in einer Tasse schwimmen, in deren Mitte ein großes Stück Tofu wie eine einsame Insel platziert wurde. Die Tasse wird langsam über dem Feuer erhitzt, und je wärmer das Wasser in der Tasse wird, desto unruhiger werden die kleinen Fischchen. In ihrer Verzweiflung versuchen sie, auf das Tofustück zu springen, wobei sie am Ende wie Pelmenis aussehen – wie Fischchen, die sich selbst im Tofu überbacken haben. Das Gericht nennen die Japaner übrigens Diakoku, was auf gut Deutsch ›die Hölle‹ heißt. Es wird als Delikatesse von Kennern hoch geschätzt! Was spricht also dagegen, dass auch wir eine Art Delikatesse in den Augen des Schöpfers sind? Vielleicht ist er ein Gourmet? Vielleicht ist unsere Welt ein himmlisches Zauberrestaurant, in dem sich die Speisen selbst zubereiten?«

Meine Kinder erschraken vor diesem kulinarischen Weltkonzept. Nur meine Frau lachte abschätzig darüber, sie mag keine Küchenphilosophie.

»Vergiss nicht, dich zu salzen, wenn es so weit ist«, witzelte sie.

Die Reise nach Ägypten

Spätestens im Kindergarten beginnt jeder Mensch zu vergleichen – was habe ich nicht, was die anderen haben. Er fühlt sich unglücklich und benachteiligt, gibt der Welt die Schuld daran und sucht nach einem Ausweg. Er glaubt, wenn er nur seine Umgebung wechseln und sich mit den richtigen statt mit den falschen Menschen abgeben würde, werde sein Unglück enden. Er tauscht seine Freunde aus, zieht von einer Ecke in die andere um, aber es wird nicht besser, er fühlt sich noch unglücklicher als zuvor. Vielleicht liegt es an mir?, zweifelt der Mensch und fängt an, sich selbst zu verbessern. Er lernt Japanisch, geht zu einem Yogakurs, macht Atemgymnastik, klettert die Wände hoch, doch die Welt weiß seine Anstrengungen nicht zu schätzen. Die Welt will sich nicht ändern, der Mensch auch nicht, und so pendeln sie aneinander vorbei und kommen nicht zur Ruhe.

Zum Valentinstag, wenn verliebte Männer ihren

Frauen Blumen schenken, sticht die Einsamkeit jedes Einzelnen besonders ins Auge. Mein Sohn hatte niemanden, dem er Blumen schenken konnte, seine Freunde auch nicht. Auf meine Frage meinte er, die seien doch alle »alleinstehend« und das aus Überzeugung. Meine Tochter kam auch ohne Blumen nach Hause. Sie brauche keine Blumen, sagte sie, eigentlich brauche sie gar nichts zum Leben außer gute Bücher und Musik.

In ihrer Askese wollte Nicole bereits vor einem Monat für immer auf ihr Fernsehgerät verzichten. Ich habe es vorerst in den Keller getragen. Tisch, Stuhl, Computer und etliche Plakate von den Wänden folgten dem Fernseher, und bald sah unser Keller aus wie ein gut möbliertes Kinderzimmer, während das Zimmer von Nicole wie eine Klosterzelle wirkte. Die Askese entwickelte sich weiter. Eines Tages fragte mich meine Tochter, ob sie auch ihre Lampe von der Decke abschrauben dürfe, denn sie wolle natürlich leben, mit der Sonne aufstehen und schlafen gehen, wenn es dunkel werde. Ich verbot es ihr, ich kann es nicht ertragen, wenn ein leerer Haken aus der Decke ragt. Dadurch fühlte sich meine Tochter noch mehr von der Welt missverstanden. Am liebsten würde sie weit weg fliegen, dorthin, wo die Menschen natürlich lebten, mit der Sonne aufstanden und so weiter, drohte sie.

Die Gelegenheit dazu ließ nicht lange auf sich warten. Für Ende Februar wurde in der Schule eine Klassenfahrt nach Luxor angekündigt. Wir sagten nein. Aus Ägypten kamen nur schlechte Nachrichten, Touristenbusse wurden beschossen, Wachposten in die Luft gesprengt. Wir sagten jeden Abend nein, und je öfter wir nein sagten, umso größer wurde der Wunsch unserer Tochter, dorthin zu fahren. In ihrer Vorstellung war gerade in Ägypten das Glück der Menschheit zu finden, sie musste um jeden Preis hin.

»Es gibt so viele schöne Reiseziele auf der Welt, liebes Töchterchen, wo das Glück begraben liegt«, versuchten wir das Kind umzustimmen. »Orte, wo Menschen ganz natürlich mit der Sonne leben. Mallorca zum Beispiel oder Ibiza ...«

Aber alles war umsonst. Nicoles Reiseziel war nicht verhandelbar, es stand fest wie eine ägyptische Pyramide. Bei jeder Widerrede brach das Kind in Tränen aus.

»Was habt ihr gegen Ägypten? Ihr seid doch bloß Spießer, die der europäischen Propaganda auf den Leim gegangen sind. Überall ist das Leben gefährlich, in Ägypten aber am wenigsten!« Das habe ihnen der Lateinlehrer, der jedes Jahr dorthin fliege, erzählt. Ägypter seien die freundlichsten Menschen der Welt, das Land sei als Reiseziel ungeheuer preiswert und berge viele Geschichten, die später im Lateinunterricht wichtig sein würden. Außerdem habe der Lehrer gesagt, in Luxor habe die ägyptische Revolution nicht stattgefunden. Anderswo, auf der anderen Seite des Landes, ja, da gingen Tausende auf die Straße, um ihrer korrupten Regierung einen Vogel zu zeigen, sie protestierten wütend auf den Straßen und plünderten Museen und Einkaufszentren. In Luxor aber benahmen sich die Einheimischen freundlich, sie hatten Angst, die Touristen zu verschrecken. Sie hatten nichts geplündert und nicht demonstriert. Trotzdem waren die blöden Touristen nicht gekommen, sie konnten anscheinend die einzelnen Städte in fremden Ländern nicht voneinander unterscheiden und mieden Ägypten im Ganzen. Auf diese Weise hätten die Luxorianer von allen Ägyptern die Arschkarte gezogen – weder hatten sie eine Revolution noch die Touristen. Sie würden bloß noch von Klassenfahrten aus Berlin leben, so habe ich es zumindest verstanden.

Auf dem Infoabend zum Thema Klassenfahrt nach Ägypten staunte ich nicht schlecht, wie perfekt manche Eltern ihre Kinder nachahmten. Die rothaarige Frau im bunten Kleid mit riesigen angeklebten Nägeln wirkte wie eine Kopie ihrer Tochter Irene. Sie lachte auch genauso laut und benutzte sogar den gleichen Lippenstift, bestimmt von der Tochter geklaut. Der Vater des sorglosen Besserwissers Jan wirkte ebenfalls sorglos und besserwisserisch. Er erzählte in der Runde, er sei schon zigmal in Ägypten gewesen, in jede Pyramide gekrochen und kenne dort eine Mumie persönlich. Die Mutter der nachdenklichen Doris, die sich am meisten Sorgen machte, wirkte genauso nachdenklich und ernst wie ihre Tochter und fragte den Lateinlehrer, der für die Klassenfahrt verantwortlich war, welche Sicherheitsmaßnahmen geplant seien. Der Lateinlehrer schien sich keine großen Gedanken zu Sicherheitsmaßnahmen zu machen und wirkte insgesamt etwas unsicher. Es war unwahrscheinlich, dass er und die Deutschlehrerin Frau Freckenbock genug Feuerkraft entwickeln würden, sollte die Jugendherberge von Al-Qaida-Terroristen belagert werden.

Trotzdem waren Lehrer wie Schüler entschlossen, nach Luxor zu fahren. Das Ganze sollte als Fortbildungsmaßnahme für das Fach Latein verbucht werden. Jeder Mitreisende bekam die Aufgabe, einen Vortrag über einen bestimmten Tempel in der Stadt vorzubereiten. Außerdem wurden für jeden Tag bereits im Vorfeld Ausflüge geplant, Kamelreiten und Eselstouren standen auf dem Programm, ferner ein Gastessen bei einer einheimischen Familie und ein Besuch der deutschen Schule.

Ich wollte mit meinen Zweifeln den Schülern ihre ungetrübte Freude über die bevorstehende Weltreise nicht verderben und sagte nichts. Jede Generation darf die Welt auf eigene Faust neu entdecken und muss nicht alles glauben, was in den Geschichtsbüchern steht. Am

Ende des Infoabends bekamen alle eine Liste, was alles nach Ägypten mitzunehmen war: Toilettenpapier und Kopftücher waren dabei, ganzkörperbedeckende Kleider, saubere Bettwäsche, Medikamente und Geschenke wie Kugelschreiber, Buntstifte, Kaugummis und Bonbons. In der Nacht träumte ich schlecht. Im Traum lief meine Tochter durch die Wüste, ganzkörperlich in Toilettenpapier gewickelt, und verteilte Kugelschreiber an Esel und Kamele.

Im Laufe der nächsten Tage wurde die Liste immer länger: Sonnencreme, Handtücher und Paracetamol kamen dazu sowie 150 Euro Taschengeld. Am Tag der Abreise wurde in den Nachrichten eine neue Welle von Unruhen in Ägypten gemeldet: Aufgebrachte Bürger gingen auf die Straße, um noch einmal festzuhalten, dass sie schon wieder von den Falschen regiert wurden. Es wurden Steine geworfen, und es wurde geschossen, aber in Kairo, nicht in Luxor! In Luxor, versicherte der Lateinlehrer, seien die Menschen viel zu freundlich und faul, um zu demonstrieren. Wenn ihnen etwas nicht gefiele, beteten sie und hofften, dass sich das Problem mit der Zeit von alleine lösen würde.

Total aufgeregt, mit großen Koffern voller Kugelschreiber und Bonbons, flog die Klasse meiner Tochter dann in Richtung Kairo ab. Dort sollten sie in eine kleinere Maschine nach Luxor umsteigen, zehn Mädchen, vier Jungs, zwei Lehrer. Jeden Tag schauten wir Nachrichten aus Ägypten. Terroristische Übergriffe, Bomben an einer Tankstelle, Schießereien an der Grenze zu Israel. Jeden Tag kam eine SMS von Nicole: »Die Sonne scheint, cooles Land, phantastische, freundliche Menschen, völlig entspannt und unaufgeregt, der beste Urlaub meines Lebens!«, schrieb sie. »Und in der Tat ganz wenig Touristen. Die Massentouristen, diese Angsthasen, haben sich vor der Revolution in die Hosen gemacht. Nur Russen und deutsche Schulklassen kommen noch.« Die Russen waren mit der Revolution aufgewachsen, die deutschen Schulklassen hatten nur Gutes darüber gehört.

Die Klasse meiner Tochter wurde in einem netten Hotel namens »Venus« einquartiert, dem Namen nach womöglich ein ehemaliges Bordell, das nach der Revolution schnell auf die Bedürfnisse von Schulklassen aus Europa umgerüstet worden war. Es gab Vierbettzimmer, und die Etagendusche funktionierte, war allerdings wählerisch. Wasser gab es entweder kalt oder heiß, beides auf einmal war nicht zu haben. »Wir sind aber nicht zum Duschen nach Ägypten geflogen«, schrieb meine Tochter gleichmütig und hatte natürlich, wie immer, recht. Außerdem verbrachten die Schüler kaum Zeit im Hotel, immerhin befanden sie sich offiziell im Lateinunterricht. Punkt für Punkt hakten sie das Arbeitsprogramm ab: eine Moscheebesichtigung, Kamelreiten, ein Abstecher in die Stadt der Toten, eine Eselstour auf der anderen Seite des Nils ... Am Vormittag ritt die Klasse zur Ägyptenforschung aus, am Nachmittag saßen die Mädchen beim Teehändler Ibrahim gegenüber des Hotels und redeten mit ihm über das Leben. Die Mädchen lernten offenbar schnell Arabisch, und schon bald kannten sie auch alle Gesichter in der Stadt und grüßten die Leute namentlich. Sich die Namen zu merken fiel ihnen ganz leicht. Alle Kamele hießen Bob Marley, die Esel Alibaba oder Fatima und die Händler Ibrahim oder Mustafa.

Die Esel, die Alibaba hießen, hatten keine Bremse, mit anderen Worten, es war zwar schwierig, sie in Gang zu setzen, doch einmal losgegangen, waren sie nicht mehr zu stoppen. Sie hatten auch keinen Rückwärtsgang. Die Fatimas hingegen blieben alle fünf Meter stehen. Meine Tochter erwischte einen Alibaba und verliebte sich beinahe in diesen Esel. Aus ihrer Sicht war er ein perfektes Gefährt, um die Welt zu erforschen. Nicht zu schnell und nicht zu langsam lief der Esel immer weiter, Hauptsache nicht stehen bleiben. Selbst die großen Welteroberer Magellan und Kolumbus schrieben, am schwersten seien auf Reisen die Pausen zu ertragen. Im Stillstand beginnen die Reisenden an sich selbst und der Richtigkeit ihrer Unternehmung zu zweifeln, ihre Herzen werden schwach, ihr Geist wird von pessimistischen Gedanken umwölkt. Doch solange die Segel voll im Wind stehen, solange die Räder sich

drehen, solange Alibaba läuft, kann der Reisende gelassen dem Horizont entgegenblicken und seinen Weg
weiterverfolgen, immer der Sonne nach. Nicht umsonst
sagen Ärzte, dass Bewegung heilt. Die Bob Marleys,
die Könige der Wüste, haben meiner Tochter dagegen
überhaupt nicht gefallen. Sie waren zu groß und merk-
ten wahrscheinlich gar nicht, ob jemand bei ihnen auf
dem Rücken saß. Sie liefen, wohin sie wollten.

Die Woche in der Wüste verging schnell, und die
Freude des Wiedersehens war groß. Am Tag der Rück-
kehr standen die aufgeregten Eltern am Flughafen
Schönefeld und nahmen ihre ungewaschenen, aber
glücklichen Kinder in Empfang. Zu Hause duschte
meine Tochter gründlich, schüttelte den Wüstensand
aus ihren Hosentaschen und meinte, wir müssten alle
unbedingt sofort nach Ägypten reisen, am besten überhaupt dorthin ziehen. Sie schwärmte von den Menschen dort, die völlig entspannt seien und sogar alle ein
wenig Deutsch sprachen. Als sie die deutsche Schule in
Luxor besucht hatten, konnten dort bereits die Sechst-
klässler perfekt Hochdeutsch, besser als manche Berliner. Die Schüler erzählten ihnen, sie würden ihre
Ausbildung gern in Deutschland fortsetzen. Natürlich seien die Händler auf dem Markt, im Hafen und
am Ufer des Nils etwas aufdringlich gewesen, erzählte
Nicole weiter. Man dürfe ihre Blicke nicht erwidern,
doch wenn man ihnen nicht in die Augen schaute, son-

dern schnell vorbeiging, ließen sie einen in Ruhe und taten einem nichts.

Am liebsten mochten die Ägypter Geschenke. Alle Menschen, mit denen die Mädchen dort Kontakt hatten, wollten Bakschisch von ihnen: ein wenig Geld, Bonbons, am liebsten aber Kugelschreiber. Die waren dann auch schnell alle.

»Anscheinend müssen die Ägypter wie du, Papa, alles aufschreiben«, meinte meine Tochter.

Diese ganzen europäischen Freiheiten dagegen, nächtelang in den Diskos abhängen, Sex vor der Ehe, Alkoholtrinken usw., wollten die Ägypter nicht haben. Das seien alles Sünden, die einen nicht weiterbrachten, pure Zeitverschwendung. Sex vor der Ehe brauchen wir nicht, erklärte die ägyptische Jugend in der deutschen Schule. Wir brauchen nur Kugelschreiber! Kugelschreiber und Bonbons, betonten sie und zogen ihre Augenbrauen hoch.

»Eine tolle Jugend hat dieses Land!«, sagte ich, obwohl mir nicht alles an Nicoles Darstellung glaubwürdig schien.

Seit mehreren Tagen suche ich vergeblich nach einem Kugelschreiber bei uns in der Wohnung. Sie sind alle verschwunden, wie von einem Kamel verschluckt. Ich vermute, jemand bereitet sich auf die nächste Weltreise vor.

Matriarchat

In der Klasse meines Sohnes herrscht das Matriarchat. Insgesamt sind es neunzehn Schüler: dreizehn Mädchen und sechs Jungs. Wenn hier basisdemokratisch über den Unterrichtsstoff abgestimmt wird, haben die Jungs keine Chance. Besonders in den humanistischen Fächern sind sie betroffen. Im Deutschunterricht durften die Schüler zum Beispiel selbst entscheiden, über welche Werke der Weltliteratur sie am liebsten grübeln wollten. Es wurden viele Vorschläge gemacht, und zwei Dramen kamen schließlich in die engere Auswahl, *Kabale und Liebe* von Schiller und *Faust* von Goethe. Hier konnte kein Kompromiss gefunden werden. Die Jungs stimmten alle für *Faust*, immerhin geht es darin um einen Macher, einen Mann mit schöpferischem Anspruch, der die Welt verändern will. Doch den Mädchen war *Faust* zu langweilig. Zu wenig Liebesschmalz, nicht feministisch genug, manche hielten *Faust* gar für frauenfeindlich. *Kabale und Liebe* wollten die Mädchen haben, sie hielten das Werk für eine Vorlage zur TV-Serie »Desperate Housewives«, Liebeskummer und Intrigen pur! Die Jungs waren stinksauer, mussten jedoch nachgeben, denn sie waren in der Minderheit. Nun studieren sie alle zusammen brav *Kabale und Liebe*.

Im Ethikunterricht wurde die Klasse in Gruppen aufgeteilt, jede Gruppe sollte einen Vortrag über bestimmte philosophische Lehren vorbereiten. Die Gruppe meines Sohnes, die aus ihm und drei Mädchen bestand, wählte den Konfuzianismus als Thema, obwohl Sebastian den Taoismus interessanter fand. Aber er wurde überstimmt. Natürlich haben die Mädchen die leichtesten Themen für sich genommen: die Entstehung der Lehre, ihre Verbreitung und der Lebensweg von Konfuzius. Sebastian wurde der Rest zugeteilt: Mengzi. Dieser wurde nach Konfuzius geboren und als eine Art Nachahmer von dessen Philosophie gehandelt. Mengzi war schon als Junge komisch, spielte am liebsten auf dem Friedhof, fand Menschen von Natur aus gut, aber nur solche, die in einem starken Staat unter der Führung eines weißen Kaisers lebten und arbeiteten. Ein Leben ohne Kaiser, auf eigene Verantwortung, würde die Menschen verderben, glaubte Mengzi.

Sebastian bereitete sich gründlich auf den Vortrag vor und berichtete dabei auch mir mehrmals von den klugen Ratschlägen, die Mengzi dem Kaiser gegeben hatte. Im Grunde genommen hat dieser Philosoph alle belehrt – seine Studenten, seine Familienangehörigen und seinen Kaiser. Ein typischer Besserwisser. Dabei sprach er ständig von Mitleid und Demut als den wichtigsten Tugenden des Menschen.

Mich haben ehrlich gesagt dieser Mengzi samt Konfuzius mit ihren Vorstellungen von einem gerechten Staat kaltgelassen. Im Geiste bin ich Anarchist, ich halte Staaten für Mechanismen der Unterdrückung. Die Menschen brauchen vielleicht Interessengemeinschaften, Freundschaftskreise, Fußballmannschaften und Ähnliches, aber doch keine Staaten. Mich erinnerte Mengzi an Rousseau, der auch behauptet hatte, der Mensch sei gut, sollte er aber trotzdem Böses tun, wäre die Gesellschaft daran schuld. Also müsse der Staat auch dafür sorgen, dass sich das Gute im Menschen entfalte. Aus der Vorstellung Rousseaus, der Staat solle dem guten Menschen die notwendigen »Bedingungen« schaffen – auf Kosten aller schlechten Genossen –, sind alle totalitären Diktaturen des vorigen Jahrhunderts entstanden. Millionen haben ihr Leben gelassen, weil der Staat sie partout verbessern wollte.

Dabei steht das Erscheinungsbild eines guten Menschen noch immer nicht fest. Man hat es sich ganz unterschiedlich vorgestellt. Die Helden der Französischen Revolution beispielsweise sahen gute Menschen meist kopflos, auch wenn ein solcher Mensch seine Freude über die richtige gesellschaftliche Ordnung leider nicht mehr äußern konnte. Die russischen Kommunisten dachten, der Mensch sei zu klein und schwach, er kümmere sich daher auch nur um Kleines, Alltägliches und könne die Dialektik der gesellschaftlichen Entwicklung nicht erkennen. Also musste der neue Mensch an den Ohren hochgezogen werden, damit er die Dialektik erkannte. Auch hier versagte das menschliche Material. Die Ohren gingen ab, und Menschen ohne Ohren kann man nicht von der Notwendigkeit des kommunistischen Aufbaus überzeugen. Sie hören nichts. Die deutschen Nazis dachten, richtige Menschen sollten blond sein, uniformiert und mit Stolz und Ehre voll beladen die Welt erobern. Die Welt wollte diese klare und deutliche Überlegenheit der arischen Rasse allerdings nicht akzeptieren und hat die Nazis in Blut ertränkt. 50 Millionen Menschen sind in diesem Krieg gefallen. Man glaubt kaum, was der von Natur aus so gute Mensch unter der richtigen Führung alles anstellen kann. Also soll mich Mengzi nicht mit der Behauptung langweilen, ein Staat könne die Menschen besser machen. Mao hätte ihm sicher zugehört, ich nicht.

Um sich von Mengzi zu erholen, installierte Sebastian die neue Grand Theft Auto V-Version auf seiner PlayStation. Man konnte in diesem Spiel in Gestalt verschiedener Figuren Aufträge erledigen: als Mafiaboss in Rente, als durchgeknallter schwarzer Rapper oder als Kampfhund. Der Kampfhund hatte sich uns als durchaus verlässlich gezeigt, man konnte ihm beinahe jeden Auftrag anvertrauen. Nur wenn er an einer Hündin vorbeilief, vergaß er ihn sofort und machte sich an sie ran. Dem Spieler wurde in diesem Moment jegliche Spielgewalt entzogen, eine Steuerung des Kampfhundes war unmöglich. Wir nannten ihn Rousseau wegen seiner aufrichtigen Haltung. Wenn Rousseau von seinen Reflexen gesteuert hinten an einem Pudelweibchen hing, blieb uns Spielern nur übrig zu warten, bis er fertig war und sich wieder der Erledigung seines Auftrags widmen konnte. In manchen Episoden, die in den guten Gegenden von L.A. spielten, dort, wo wohlhabende Menschen wohnten und besonders viele Pudelweibchen auf den Straßen liefen, sollte man mit Rousseau lieber gar nicht erst hingehen. In Arbeiterbezirken war er verlässlicher.

Der schwarze Rapper spekulierte auch auf die Natur der Menschen. Immer wenn er verhaftet oder angehalten wurde, fing er an zu jammern, alle seien Rassisten und man sollte ihn endlich in Ruhe lassen. Er war schlau, jedoch für einen richtigen Auftrag zu faul. Richtig Verlass war nur auf den verrenteten Mafiaboss, die Hauptfigur des Spiels: Er musste seinen Sohn, einen ewig vor der Glotze hängenden Fettsack, ständig erziehen, seine Tochter aus den Händen von Pornoproduzenten befreien und mit Politikern reden, damit sie vernünftige Politik machten. Er besaß viele großkalibrige Waffen, die ihm halfen, Frieden zu stiften und für das Gute im Menschen zu kämpfen. Wir nannten ihn Mengzi.

Er mischte sich immer dann ein, wenn zum Beispiel jemand auf der Straße eine Frau zu vergewaltigen versuchte. Die Frau wurde mit einer Waffe bedroht und konnte sich nicht wehren. Mengzi war sofort zur Stelle. Er versuchte den Angreifer zuerst verbal davon zu überzeugen, tiefer in sich hineinzublicken, um das Gute in sich selbst zu finden. Der gute Verwirrte schoss daraufhin auf Mengzi. Dieser hielt trotzdem an seiner Theorie fest, alle Straftaten könnten und müssten gewaltlos beendet werden. Als ehemaliger Mafiaboss hatte Mengzi allerdings auch seine Reflexe. Der Angreifer wurde unversehens durchlöchert, die gerettete Frau tauchte dankbar ab, und die Polizei kam. Mengzi wollte den Staatsdienern erklären, dass er auf ihrer Seite stand und nur für Gerechtigkeit gesorgt hatte, doch die Polizisten wollten ihm nicht zuhören. »Waffe fallen lassen, sofort mit dem Gesicht zu Boden!«, riefen sie. Dieser Bitte konnte Mengzi leider nicht nachkommen, denn wie sollte er in einer solchen Stellung den Polizisten erklären, dass sie hinter dem Falschen her waren? Anstatt nun die Fortsetzung des Gesprächs mit Mengzi abzuwarten, begannen die Polizisten auf ihn zu schießen. Mengzi blieb nichts anders übrig, als seine großkalibrige Waffe herauszuholen. Er versteckte sich auf dem Dach eines Hochhauses und schoss mit einer Rakete den Polizeihubschrauber ab, woraufhin zwei weitere Hubschrauber angeflogen kamen. Mengzi flüchtete in einem Sportwagen, überfuhr Fußgänger, erschoss einen Lkw-Fahrer, rammte mit dem Lkw die Polizeisperre, brachte den Laster zum Drehen, sprang heraus, lief weg, geriet in eine von den Bullen gestellte Falle und lag mit drei Kugeln im Kopf in einer roten Pfütze. »Auftrag gescheitert« stand in fetten Buchstaben daneben. Sebastian schaltete die Spielkonsole aus und schrieb nachdenklich einen weiteren Satz in seinen Vortrag.

»Mengzi, chinesischer Lehrer und Philosoph, hatte ein turbulentes, aber kurzes Leben. Mit seinem Auftrag, den Staat zu beeinflussen, um ihn gerechter und gewaltloser zu gestalten, ist er durch eine Kette unglücklicher Umstände gescheitert.«

Alles glitzert

Ich leuchte wie ein Weihnachtsbaum, während ich diesen Text schreibe – überall kleine Glitzerpartikel. Unsere Küche sieht aus, als hätten Außerirdische sie als Landeplatz gewählt, die Katzen schwirren wie wahnsinnig gewordene Sternschnuppen durch die Wohnung, und alles leuchtet – mein Bett, mein Arbeitstisch, ich. Meine Tochter ist für den Unfall verantwortlich, findet ihn im Nachhinein aber gar nicht so schlecht. Zu ihrem siebzehnten Geburtstag hat Nicole von einem unbekannten Freund eine Dose mit Glitzerpulver bekommen. »Damit dein Leben farbenfroh bleibt!«, soll der unbekannte Freund in einer dem Geschenk beiliegenden Postkarte geschrieben haben. Dafür schicken wir ihm telepathisch im Namen aller Eltern der Welt einen Durchfallstrahl. Zuerst wollte meine Tochter nur sich selbst samt ihren besten Freundinnen glitzern lassen. Weil die Freundinnen aber nicht glitzern wollten und versuchten, vor Nicole wegzulaufen und sich in der Wohnung zu verstecken, glitzern wir nun alle.

Dabei sollte dieser Geburtstag besinnlich wie Weihnachten werden, nicht wie die wilde Facebook-Party vom letzten Jahr. Es sollte in einem anständigen Jugendclub namens »Abgedreht« am Frankfurter Tor gefeiert werden im engen Kreis ihrer besten Freunde. Nicole wollte vermeiden, dass auch halb bekannte Leute zu ihrem Geburtstag kamen, deswegen hatte sie nur Leute eingeladen, mit denen sie befreundet ist, zweiundfünfzig an der Zahl. Drei Freigetränke für jeden Gast waren vorgesehen, danach sollten die Freunde ihre Getränke selbst zahlen.

Diese Generation hat eine ganz andere Vorstellung von Freundschaft. Wenn man der Weltliteratur glauben darf, waren früher drei Freunde die Obergrenze. Dementsprechend hießen die Bücher über Freundschaft »Drei Freunde auf hoher See«, »Drei Männer im Boot«, »Die drei Musketiere« oder »Drei Panzersoldaten und ein Hund«. Oder waren die Panzerfahrer zu viert? Selbst Jesus, der nicht menschenscheu war, hatte nur zwölf enge Freunde, denen er Freigetränke ausgab, und da war noch ein falscher Freund dabei. Nicole hatte zweiundfünfzig, und keiner kam zu spät. Sie erschienen alle um zehn vor acht, feierten bis um eins, tranken die Freigetränke und Mitgebrachtes und gingen dann nach Hause. Nicole lud danach noch drei Freundinnen auf einen Absacker zu sich nach Hause ein. Vorher hatte sie uns ganz putzig gefragt, ob die so spät noch vorbeikommen dürften.

»Du wirst einen Lkw brauchen, um die Geschenke von zweiundfünfzig Freunden nach Hause zu transportieren«, hatte ich vermutet. Doch alle ihre Geschenke passten in einen Schuhkarton: Die meisten von ihnen erwiesen sich als Gummibärchen, Lutscher oder Aufkleber. Es gab aus meiner Sicht nur drei richtige Geschenke im Schuhkarton, von ebendiesen drei Freundinnen, die es auf den Absacker geschafft hatten: weiße Kopfhörer von Sony, eine Stofftasche mit dem aufgedruckten Jugendwort des Jahres und ein impressionistisches, selbstgemaltes Bild mit dem Titel »Nicole in ihrer natürlichen Umgebung«. Dazu kam das trojanische Glitzerpulver-Geschenk (noch einen doppelten Durchfallstrahl schicke ich dir, du unbekannter Witzbold). Nur die, die zusammen glitzern, können richtige Freunde werden, beschloss Nicole. Und die anderen, die braucht man wahrscheinlich als Hintergrund, damit die richtigen gut zu erkennen sind.

»Auch der Sonnenstrahl braucht die Dunkelheit, um leuchten zu können«, bemerkte meine Tochter weise.

In diesem Alter erscheint das Leben als eine endlose Reihe von Geburtstagsfeten. Während wir mit dem Staubsauger den Katzen hinterherliefen, schmiedete Nicole bereits Pläne für ihren nächsten, den achtzehnten Geburtstag, den sie jetzt schon als endgültigen Abschied von der Jugend bewertete. Zu ihrem achtzehnten Geburtstag wollte sie sich mit ihren besten Freundinnen in Paris verabreden. Sie sollten alle zusammen dorthin fahren, die Grabstätte ihres Helden Jim Morrison aufsuchen und sich für immer von ihm verabschieden. Denn mit achtzehn Jahren fing das Erwachsenenleben an, in diesem Leben sei für Jim Morrison und seine traumschöne Musik kein Platz mehr, sinnierte meine Tochter. Sie würden also eine Schweigeminute am Morrison-Grab abhalten und Schallplatten statt Blumen dort hinterlegen.

Wie traurig ihre Darstellung des achtzehnten Geburtstags auch klang, ich hatte sofort ein anderes Bild im Kopf: Ich sah ein mit Glitzerpulver überschüttetes Morrison-Grab, einen leuchtenden Friedhof, ein strahlendes Paris. Die französische Hauptstadt hat eine turbulente Geschichte hinter sich, sie hat eigene Revolutionen, fremde Besatzungen und Studenten auf Barrikaden überlebt, es wird Paris umso leichter fallen, ein wenig zu glitzern. Weiter sah ich Jim Morrison aus dem Grab aufstehen und den Mädchen hinterherrennen. Er würde ihnen bestimmt zurufen, wie kindisch es sei, ab achtzehn auf seine Lieblingsmusik zu verzichten. Und da kann ich Morrison nur recht geben. Ich bin zum Beispiel 46 Jahre alt und höre noch immer gern »Come on Baby Light My Fire«. Leider bin ich nicht in der Lage, der heranwachsenden Generation klarzumachen, dass gute Musik zu jedem Alter passt. Das wird Morrison bestimmt besser erklären können, wenn er wiederaufersteht. Die Mädels werden schreiend in alle Richtungen weglaufen und unterwegs Glitzer über die ganze Stadt zerstreuen. Es würde eine tolle Geburtstagsparty, die einem lange im Gedächtnis blieb.

Meine Tochter macht sich aber Sorgen. Sie weiß nicht, was in einem Jahr sein wird. Ob der Glitzer bis dahin nicht schlecht würde? Ob die Freundschaften noch hielten? Zu unterschiedlich sind die Lebensentwürfe der Mädchen, die sie in alle Himmelsrichtungen davontragen werden. Denn alle planen große Reisen, niemand von ihnen will auf Dauer in Berlin bleiben. Meine Tochter will weiter verstärkt Spanisch lernen und nach Kolumbien fahren, um dort im Kampf gegen die Drogenmafia zu helfen. Sie glaubt fest daran, dass die Bauern in Kolumbien aufhören, Drogenpflanzen anzubauen, wenn sie normale Jobs bekommen, die nach europäischen Tarifen bezahlt werden. Wenn Nicole die Drogenmafia fertig besiegt hat, will sie für ein Jahr nach Frankreich gehen, um dort Geschichte zu studieren. Und schließlich will sie nach Deutschland zurückkehren, um über das Gesehene und Erlebte nachzudenken. Ihre Freundin Antonia will nach Indien, weil ihr Vater ihr sehr viel über Indien erzählt hat, anschließend nach Amerika, um zu studieren. Und

Marie geht mit ihrem Freund nach Niedersachsen auf die Polizeiakademie. Ob wir uns dann überhaupt noch sehen?, fragte sich Nicole.

Mich fragte sie, ob die Philosophie überhaupt einen Anfang habe. Wann haben die Menschen angefangen, die Welt draußen und ihr eigenes Dasein darin zu reflektieren? Sie will nur noch philosophische Bücher lesen. Die ganze sogenannte Weltliteratur hat sie schon im Groben hinter sich gebracht, alles Wichtige längst gelesen: Sartre, Goethe, Nick Hornby, die Motorradtagebücher von Ché, *Anna Karenina* und *Die Brüder Karamasow*. Aber mit Philosophie, wo soll sie da beginnen? Gut, ein Buch von Buddha hat sie einmal aus einem Hotel mitgenommen und auch noch zu Hause durchgeblättert. Sie fand es interessant, wenn auch nicht ganz überzeugend. Denn die buddhistische Lehre behauptet, alles Leben sei nur Leid und man müsse sich jeden Wunsch verkneifen, um endlich nicht mehr wiedergeboren zu werden. Nicole will aber leben und so oft wie möglich wiedergeboren werden. Sie will wünschen und kämpfen und ihren achtzehnten Geburtstag immer wieder neu feiern, am besten jedes Mal in einer anderen Stadt. Leben ist angenehmer als nicht leben, selbst wenn man dabei leiden muss. Besser auf Erden leiden und anderen helfen, als gar nicht geboren zu werden. Deswegen nennt meine Tochter den Buddhismus verachtend eine Lehre der Gleichgültigkeit.

Viel besser gefällt ihr Fichte, ein deutscher Philosoph, der an der Humboldt-Universität unterrichtete. Fichte war so etwas wie ein deutscher Buddha. Er glaubte, menschliche Wünsche und Neigungen seien die Triebkräfte der Weltordnung. Der Mensch ist nach Fichte immer zwischen zwei Wünschen hin- und hergerissen: dem Wunsch nach Freiheit und dem Wunsch nach Vergnügen. Doch kaum fängt der Mensch an zu genießen, schon wird er vom Genuss versklavt. Wählt er die Freiheit, fängt die Ehefrau an zu meckern. In diesem Kampf gegen sich selbst entwickelt der Mensch unglaublich starke, kreative Energien. Er fängt an, Gedichte zu schreiben, zu lachen, zu weinen oder zu glitzern, ohne dass jemand ihn mit Glitzerpulver bestreut hat.

Das Leben – ein Wissenssupermarkt

Nachdem die Bundeskanzlerin das Gymnasium meiner Kinder besucht hatte, überlegten viele Mädchen aus Nicoles Klasse, ob sie vielleicht doch in die Politik gehen sollten. Unsere Stadt würde gleich viel schöner aussehen, wenn von den Wahlplakaten statt verkniffener Herren in Anzügen junge Frauen mit bunten Haaren die Wähler anlächelten. Ich habe die Mädchen in ihrem Bestreben unterstützt. Die Politik liegt, glaube ich, Frauen mehr im Blut als Männern. Sie können besser planen und organisieren. Und welche Frau wird nicht gern gewählt? Ob zur Miss Hessen, Spargelkönigin oder Kanzleramtskandidatin? Nur wie wird man Bundeskanzlerin, welchen Leistungskurs muss man da wählen, welchen abwählen? Ich wusste es nicht. In der elften Klasse scheint es so, als wäre die Welt ein riesiger Supermarkt, ein Selbstbedienungsladen zum Basteln von Lebensentwürfen. Man braucht nur sein Bildungsprogramm richtig konfigurieren, nichts Falsches zu lernen, die richtigen Bücher zu lesen, mit den richtigen Menschen abhängen, dann wird alles gut. Das hat Angela Merkel bestimmt auch so gemacht, und schaut euch an, wie weit sie es gebracht hat.

Nach ihrem Schulbesuch veranstalteten die politisch Engagierten im Kunstunterricht einen Wettbewerb um das beste Merkel verunglimpfende Wahlplakat. Gewonnen hat ein Künstler aus der neunten Klasse mit seinem kreativen Entwurf, der auf dem CDU-Plakat »Gemeinsam erfolgreich« basierte: Auf Merkels Kopf hatte der Künstler eine Krone gesetzt, ihr eine EU-Karte in die Hand gedrückt und unten durch einfaches Wegradieren überflüssiger Buchstaben aus »Gemeinsam erfolgreich« »Mein Reich« gemacht.

Meine Tochter bekam dann jedoch große Zweifel, ob sie als Politikerin eine Chance hätte. Politiker sind Menschen, die immer alles besser wissen. Nicole wusste es aber nicht besser. Sie fühlte sich noch viel zu jung, um politische Entscheidungen zu treffen. Überhaupt wollte sie sich auf nichts festlegen. Sie hatte gerade ihren siebzehnten Geburtstag mit einer super Party gefeiert, danach erwartete sie aber nichts Gutes mehr vom Erwachsenwerden, gestand sie mir. Am liebsten würde sie siebzehn bleiben und jedes Jahr aufs Neue denselben Geburtstag feiern.

Mit dem Justieren ihres Studienplans war Nicole allerdings weiterhin intensiv beschäftigt. Sie wusste zwar nicht genau, was sie werden wollte, aber sie wusste sehr wohl, was sie nie im Leben lernen wollte. Sie gab sich große Mühe im Abwählen der Fächer, in denen sie glaubte, keine Chance zu haben. Als Erstes wählte sie Musik ab, unter dem Vorwand, sie könne überhaupt nicht singen.

»Weißt du, Papa, wie unser Chor aufgestellt wird?«, fragte sie mich. »Ganz vorne in der ersten Reihe singen diejenigen, die alle Töne gut treffen. Hinter ihnen alle, die unsicher sind, und in der dritten Reihe stehen die, die nicht singen können. Hinter ihnen werden die Jungs nach dem Stimmbruch versteckt, und in der letzten Reihe singe ich«, sagte Nicole.

Ich hatte als Schüler auch falsch und zu laut gesungen, aber großen Spaß an der Sache gehabt. Im Musikunterricht mussten wir patriotische Lieder über den unsterblichen Lenin singen und über die Helden, die ihr Leben opfern mussten, damit wir alles hatten. Wir schmetterten diese Texte und fragten uns gleichzeitig, wo dieses alles geblieben war, was wir haben sollten. Das aktuelle deutsche Gesangsprogramm rief bei meiner Tochter ebenfalls wenig Begeisterung hervor. Zu Hause hört sie zwar viel und gern Musik, aber im Unterricht müssen sich die Schüler immer am Musikgeschmack der Lehrer orientieren. Nicoles erste Musiklehrerin war in Ordnung, sie mochte Nirvana und Jim Morrison, wurde aber völlig unerwartet schwanger, ging in Mutterschutz und kam nicht zurück. Die zweite Musiklehrerin mochte nur klassische Musik, die dritte stand auf Volkslieder. Genau genommen hat sie mit einem Lied die Schüler immer wieder aufs Neue bedroht, mit dem deutschen Volkslied »Die Gedanken sind frei«. Alle Schüler wurden permanent gezwungen, jede Woche im Chor »Die Gedanken sind frei« zu schmettern. Einige Klassen beschwerten sich sogar bei der Direktion darüber, sie fühlten sich von diesem Volkslied terrorisiert. Vor allem konnten sie nicht glauben, dass ein ganzes Volk dieses Lied gedichtet hatte.

Wie entsteht überhaupt ein Volkslied?, fragten mich meine Kinder. Ein Volk setzt sich ans Lagerfeuer, die eine Hälfte schreibt die Musik, die andere den Text? Ich wusste es auch nicht und stellte mir vor, dass irgendein mittelalterlicher Drafi Deutscher dahintersteckte: »Weine nicht, wenn der Regen fällt, alles im Leben geht vorbei, Hauptsache deine Gedanken sind frei…« Er wurde vom Volk aus Dankbarkeit gehängt, sein Lied dafür ins Lehrbuch für Musikunterricht aufgenommen.

Auf der Gesangsbühne sah sich Nicole jedenfalls nicht, und der Musikunterricht wurde abgewählt. Aufs darstellende Spiel hat sie ebenfalls verzichtet – nicht böse sein, du darstellendes Spiel! Wir haben nichts gegen dich persönlich, aber dieses Schultheater ist nur peinlich, gewollt modern, wenig glaubwürdig und voll dekadent. Julia in eine Burka gewandet und Romeo, der einen Eimer auf dem Kopf trägt, um dem Zuschauer die Perspektivlosigkeit ihrer Liebesbeziehung zu symbolisieren? Nein danke! Physik hat meine Tochter auch abgewählt, weil sie kein Interesse für die Gesetze der Materie aufbringen konnte. Der Drang der Physiker, jede Selbstverständlichkeit wissenschaftlich begründen zu wollen, schien ihr überflüssig. Auch Mathe hätte sie gerne abgewählt, weil Zahlen in der Natur gar nicht vorkamen. Zahlen waren eine nur für Menschen wichtige Erfindung, eine Kopfgeburt, um Vorräte zu horten, Schulden zu machen und Steuern zu zahlen. Wenn man in den Tag hineinlebte, brauchte man keine Zahlen. Geografie hat Nicole abgewählt, weil es völlig unnötig war zu wissen, auf welcher Meeresplatte man sich gerade befand. Es reiche schon, alle Hauptstädte auswendig zu kennen, der Rest der Geografie werde absolut überbewertet, meinte Nicole. Biologie hat sie abgewählt, weil es absolut eklig war zu lernen, welche Bakterien im eigenen Magen beheimatet waren, was sie dort trieben und aus welchem feuchtem Müll eigentlich alle Lebewesen entstanden sind. Chemie hätte meine Tochter beinahe auch noch abgewählt, durfte es aber nicht.

Es sind nicht viele Fächer übrig geblieben. Dafür aber nur Lehrer, die sie spannend findet, Fächer bei den Lehrern, die sie mag. Lieber weniger Wissen, dafür aus richtiger Hand. Nicht umsonst behaupteten die alten Inder, besser arbeitslos sein oder gar nichts tun, als fremde Arbeit erledigen, für die man nicht taugt. Mit Begeisterung erzählte mir meine Tochter, welches Fachwissen sie gewählt hatte. Es blieben sämtliche Fremdsprachen, um mit Menschen aus aller Welt über den Sinn des Lebens quatschen zu können; Geschichte, um zu wissen, wie diese Menschen tickten und was bei ihnen früher los war. Und Philosophie, um mit Kant, Hegel und Marx erfolgreich angeben zu können und den Menschen zu erklären, wie undurchsichtig und magisch die Welt in Wahrheit ist. Ich glaube, meine Tochter wird Schriftstellerin.

Stunde Null

In unserer Familie musste mein Vater morgens als Erster aufstehen. Die Arbeit in seinem Betrieb begann um acht Uhr früh, er brauchte zwei Stunden für den Weg, stellte den Wecker auf fünf Uhr und machte in der Dunkelheit Gymnastik. Wenn ich wach wurde, hörte ich Papas Hanteln im dunklen Gästezimmer über den Fußboden rollen. Wenn um sechs Uhr im Radio die Hymne der Sowjetunion als Weckton für das ganze Land erklang, war mein Papa bereits mit Gymnastik und Frühstück fertig. Meine Mutter stand auf, wenn er das Haus verließ, um nicht unter seine Hanteln zu geraten. Sie sammelte seine Sporthosen, Hemden, Schuhe, Tassen und Teller zusammen, machte sich hübsch, trank Kaffee und ging dann ebenfalls zur Arbeit.

Ich stand als Letzter auf. Meine Schule war zu Fuß nur zehn Minuten von der Haustür entfernt, und der Unterricht begann erst um halb neun. Ruhig wie Buddha sammelte ich meine Lehrbücher und Hefte zusammen, zog die dunkelblaue Schuluniform an, machte das Radio aus und ging nach unten, um meine Schulkameraden zusammenzusammeln. Wir gingen immer in einer größeren Gruppe in die Schule, zu dritt oder zu viert, damit uns die älteren Schüler in Ruhe ließen. Abends sahen meine Eltern übermüdet und abgearbeitet aus, ich dagegen schlief viel und gut.

Heute leben wir in einer verkehrten Welt. Die Kinder müssen als Erste aufstehen, um halb sieben, manchmal um sechs, wenn sie zur Stunde null in der Schule sein müssen. Am Abend können sie sich aber in der Regel nicht vor Mitternacht ins Bett zwingen. Sie surfen zu lange im Internet, auf Facebook oder schauen sich online Zombieserien an. Am nächsten Tag sehen sie um sechs Uhr morgens selbst wie Zombies aus. Mit kreideweißem Gesicht wandern sie zwischen Küche und Korridor hin und her, vergessen, ihr Weißbrot aus dem Toaster zu nehmen, und können eine geschälte Banane nicht zielsicher aufessen. Die Eltern dieser Kinder, also wir, stehen natürlich mit auf, um sie zur Tür zu bringen, wünschen ihnen gute Noten und viel Erfolg und fallen wieder ins Bett. Wir sind freischaffend berufstätig und können jeden Tag so lange schlafen, bis das Kissen platzt.

Rein theoretisch versteht sich. Denn montags und freitags klingelt um zehn das Telefon, und eine strenge weibliche Stimme aus dem Schulsekretariat sagt, ich solle bitte sofort meinen Sohn abholen, er sähe krank aus, habe furchtbare Kopfschmerzen oder eine Magenverstimmung. Ihn plagt eine undefinierbare Krankheit, die keinen Namen und stets unterschiedliche Symptome hat. Besser wird es, wenn das Kind aus der Schule nach Hause kommt. Und am Abend desselben Tages verschwinden die Schmerzen zum Glück, das Kind ist bester Laune und will spazieren gehen. Manchmal beginnt der schlimme Schmerz bereits nach dem Aufwachen, noch bevor das Kind in die Schule geschickt wird, endet aber abrupt nach meinem Anruf beim Schulsekretariat wegen einer kurzfristigen Krankmeldung. Sofort geht es dem Kind besser, es isst eine heiße Suppe und langweilt sich genüsslich.

Das ist nichts Außergewöhnliches, sagt mir mein Herz. Typische Kinderkrankheiten, für die es in der modernen Wissenschaft noch immer keine vernünftige Erklärung gibt: Dreitagefieber, Eintageskopfschmerzen, halbtägige Magenverstimmung. Bei jungen Menschen läuft alles in hohem Tempo ab, sie erkranken rasch, werden aber auch schnell wieder gesund.

Mein Gewissen widerspricht dem jedoch. Was sind das für geheimnisvolle Krankheiten, die immer montags und freitags auftreten?, fragt das Gewissen. Man wird doch nicht nach dem Kalender krank, sondern nach der Anzahl der Kontakte mit Infektionsüberträgern. Aber das Kind sieht an diesen Tagen tatsächlich ganz elend aus, es lügt nicht. Ich würde trotzdem an deiner Stelle mal in seinem Stundenplan nachschauen, hakt das Gewissen nach. Ich schaute also in den Lehrplan des Kindes. Montag und Freitag hat es Latein, einmal in der ersten Stunde, ein andermal sogar in der Stunde 0, also besonders früh. Wahrscheinlich ist diese wunderbare alte Sprache die Ursache für unsere Eintagesschmerzen. Mein Kind war mit mir ja immer ehrlich gewesen. Mehrmals hatte ich erfahren, es hasse Latein, Latein sei eine Kacksprache, es könne mit Latein nichts anfangen. Und wenn wir auf Dauer gezwungen werden, etwas zu tun, was wir nicht mögen, wird uns richtig schlecht.

Ich stand vor einer erzieherischen Sackgasse. Was konnte ich tun, wie helfen? Es gab keine Möglichkeit, sich mit einer Lateinallergie krankschreiben zu lassen. Außerdem wäre es schade um das Fach. Ich hätte so gern ein Latein sprechendes Kind gehabt! Aber dem Kind beginnen die Lippen zu beben, wenn wir uns diesem Thema auch nur nähern.

»Ich lerne sowieso unglaublich viel Schwachsinn!«, beschwerte sich das Kind vor einiger Zeit. »Ich werde ständig mit Wissen vollgestopft, das mir nie im Leben nützlich sein wird! Ich lerne zum Beispiel Mathe, obwohl alle längst einen Rechner auf ihrem Handy haben. Ich lerne zum Beispiel Geografie trotz der Erfindung der Navigationsgeräte. Ich lerne Fremdsprachen, obwohl man mit Google alles übersetzen kann. Aber gut, ich lerne, und ich verstehe die Logik der Lehrer. Was ist, wenn der Rechner kaputtgeht, wenn dein Navi versagt oder Google in die Hände von Terroristen gerät und alles falsch übersetzt? Ich lerne dieses überflüssige Zeug fleißig wie die Biene Maja, und ich summe nicht mal dabei. Aber Latein? Latein kann mir gestohlen bleiben!«

Vehement verteidigte das Kind sein Recht auf Unbildung.

»Latein, mein Sohn, ist die Wurzel der europäischen Kultur, die Mutter aller Sprachen«, versuchte ich ihn zu überzeugen.

»Ist doch wunderbar, ich akzeptiere das«, nickte das Kind. »Soll die Mutter aller Sprachen aber da hin, wo sie hingehört, nämlich ins Sprachmuseum. Warum soll ich in eine unnatürliche Liebesbeziehung mit einer toten Sprache hineingezogen werden? Das ist krank! Das ist Blasphemie!«

Das Kind geriet immer mehr außer sich. Es stellte sich in die Mitte der Küche, erhob das Toastbrot und sagte mit pathetisch vibrierender Stimme:

»Sag mir bitte, wo, in welcher Lebenssituation, auf welchem Planeten, mir Latein nützlich sein kann?«

»In sehr vielen Situationen auf unserem Planeten«, erwiderte ich. »Zum Beispiel…«

Eine Pause bildete sich in der Küche.

»Du gehst in ein Museum, willst die Namen auf den Schrifttafeln lesen, kannst sie aber nicht verstehen, weil sie alle auf Latein sind«, fing ich unsicher an.

»Daneben wird die deutsche oder englische Übersetzung stehen«, tat das Kind mein schwaches Argument lächelnd ab.

»Mit Lateinkenntnissen kannst du Arztrezepte lesen und auf diese Weise kontrollieren, dass die Ärzte dir nichts Falsches verschreiben.«

»Kannst du nicht!«, wiegelte Sebastian ab. »Ärzte haben eine solche Handschrift, dass sie selbst nicht lesen können, was auf ihren Rezepten steht.«

Ach, diese Jugend! Sie ist engstirnig und merkantil, Selbstironie gehört nicht zu ihren Tugenden. Sie denkt rational und will in allem einen Nutzen sehen. Eine alte Sprache einfach so zu lernen, nur weil sie schön ist, kommt nicht in Frage. Ich wollte die hoffnungslose Lateinschlacht trotzdem auf keinen Fall verlieren und ging zum letzten Argument über:

»Stell dir vor«, sagte ich bedeutungsvoll, »du fliegst in ein weites, fernes Land und lernst dort ein wunderschönes Mädchen kennen, das dich auch toll findet, aber leider nur Latein versteht. Was würdest du tun?«

Mein Kind lachte und schaute friedlich an die Decke. Er gab sich gar keine Mühe, dieses Argument pro Latein zu widerlegen, was einfach gewesen wäre. Es hätte schon gereicht zu sagen, dass es längst keine fernen Länder mehr gab und hübsche Mädchen, die nur Latein verstanden, nirgendwo existierten. Er wollte aber, dass es sie gab, das habe ich in seinen Augen gesehen. Auf jeden Fall hat er am nächsten Tag, einem Montag, die Kopfschmerzen überwunden und ist in die Schule gegangen – zur Stunde 0.

Die Rolle des Fernsehens
im Leben der Kinder

Erwachsene neigen dazu, ihre eigenen Schwächen den Kindern zuzuschreiben. Ach, diese Jugend, total verdorben durchs Fernsehen, sie kann überhaupt keine Bücher mehr lesen, behaupten Eltern, die selbst vor der Glotze altern. In Wirklichkeit spielt das Medium Fernsehen für die Heranwachsenden kaum noch eine Rolle. Ihre Helden und ihre Feinde finden sich auf der Straße oder im Netz. Meine Kinder haben auch früher nicht viel Zeit vor dem Fernseher verbracht, auf Dauer lockte sie keine Sendung. Mit drei Jahren lachten sie über die Teletubbies, mit zehn hatten sie die Musikvideos auf MTV entdeckt, später mit zwölf schauten sie gelegentlich die Wissenssendungen, in denen die großen Fragen des Lebens diskutiert wurden: Wer ist stärker, Wal oder Bär? Kann man Stahlnadeln in Coca-Cola auflösen? Warum hat der Mensch nur vorne Augen, und warum hat er fünf Finger statt sechs? Selbst diese TV-

Formate haben die Kinder eher gelangweilt als verdorben. Ein dauerhaftes Interesse entwickelten sie nur für *Tom & Jerry*. Meine Tochter hatte sich sogar wegen dieser Trickfilmserie einen eigenen kleinen Fernseher gewünscht. Als Katz und Maus vom Bildschirm verschwanden, erlosch auch ihr Interesse an dem Apparat.

Ich denke, der Grund für die Fernsehmisere liegt darin, dass diese Kinder ein zu buntes, abenteuerliches Leben in Berlin haben, mit dem kein Fernsehprogramm konkurrieren kann. Es wurde schon immer dort am meisten und leidenschaftlichsten ferngesehen, wo das Leben hinter dem Fenster trist und ereignislos ist. In der Sowjetunion zum Beispiel oder in Norwegen, wie mir norwegische Freunde erzählten. Sie hatten es fast schlimmer als wir in meiner sozialistischen Heimat. Immerhin gab es in der Sowjetunion ganze vier Kanäle, die Norweger aber bekamen überhaupt erst 1982 einen eigenen Kanal, der lange Zeit auch der einzige blieb. *Tom & Jerry* gab es, wenn überhaupt, nur einmal die Woche und nicht länger als fünf Minuten – um sechs Uhr früh. Danach wurden stundenlang Nachrichten aus der Landwirtschaft und Wetterprognosen für die Fischereiflotte ausgestrahlt. Tagsüber hatte der norwegische TV-Kanal Sendepause, er sollte die Menschen nicht von ihrer Arbeit ablenken. Dafür erschien ein großer Kreis auf dem Bildschirm, prall gefüllt mit kleinen schwarzen und weißen Quadraten.

Das Abendprogramm des norwegischen Fernsehens wurde im Parlament festgelegt und vom König genehmigt. Dienstagabend wurde Volksmusik gespielt. Mittwochs gab es das finnische Fernsehspiel, das Traurigste und Herzzerreißendste, was man sich denken kann. Donnerstags und freitags liefen politische Diskussionen über die Zukunft des Landes und Dokumentationen über das Leben der Elche. Samstagabend lief eine sehr interessante medizinische Sendung über Schafkrankheiten, die eigentlich vor allem für Schafzüchter interessant war, das halbe Land schaute zu. Die andere Hälfte meuterte leise. Der Sonntag gehörte der Kirche. Der Einführung des Farbfernsehens folgte eine leidenschaftliche Debatte im Parlament.

»Es ist schon schlimm genug, dass die Sünde existiert, sie muss nicht auch noch in Farbe locken«, wüteten die konservativen Politiker.

Der Leidensweg des norwegischen Fernsehens ging abrupt zu Ende, als ein zweiter, diesmal privater Sender zugelassen wurde. Er machte keine Sendepause. Rund um die Uhr landeten Außerirdische auf der Erde, zerstörten Seemonster Japan, schossen lässige Cowboys einander vom Pferd, und Tom & Jerry jagten einander bis tief in die Nacht. Das junge Norwegen erstarrte vor dem Bildschirm.

»Das ist der Untergang unseres Abendlandes«, meinten die Älteren.

Merkwürdigerweise ging jedoch das Land nicht unter – ganz im Gegenteil. Norwegen entwickelte sich zu einer fortschrittlichen innovativen Gesellschaft. Tom & Jerry sollten dafür als Dank ein Denkmal in Oslo bekommen.

Ähnlich ging es in meiner Heimat zu: Das Fernsehen wurde als Werkzeug zum Aufbau des Sozialismus missbraucht. Wenn der Sozialismus schon in der realen Welt nicht klappte, sollte er wenigstens im Fernsehen gut funktionieren, dachten die Machthaber. Aber auch im Fernsehen funktionierte der Sozialismus nicht so recht. Die Zeit lief im Fernsehen viel langsamer ab als im echten Leben. Die sowjetischen Schauspieler und Moderatoren legten stundenlange Pausen in ihre Texte, und manche Schauspieler schliefen sogar mitten im Film ein. Die Handlung in sowjetischen Serien kam jahrelang nicht vom Fleck. Das sollte die Bürger beruhigen, ihnen vermitteln, alles liefe nach Plan, es werde schon alles gut werden – zu seiner Zeit. In fast jeder Sendung sah man eine kleine oder große Uhr, die tickte. Die ganze Sowjetunion tickte mit. Die größte Uhr hing am Kremlturm, die kleineren hingen überall. Die wichtigste Nachrichtensendung des Landes hieß entsprechend »Die Zeit« und wurde immer pünktlich um 21.00 Uhr ausgestrahlt. Nur einmal begann sie mit drei Minuten Verspätung – und da sprangen die Bürger schon von ihren Balkonen, weil sie dachten, der Dritte Weltkrieg sei ausgebrochen.

Das Verhältnis zwischen Zeit und Raum war in der Sowjetunion durch die Größe des Landes und die unzähligen Zeitzonen kompliziert. Täglich um 15.00 Uhr Moskauer Zeit sendete das Radio eine Zeitansage für das ganze Land, die allein schon fünf Minuten dauerte:

»Achtung, Sie hören den aktuellen Stand der Zeit«, verkündete eine ernste Frauenstimme. »In Moskau ist es 15.00 Uhr, in Aschhabad 19.00 Uhr, in Nowosibirsk 18.00 Uhr, in Chabarowsk 22.00 Uhr, in Pensa 17.30 Uhr, auf Sachalin 23.00 Uhr und in Petropawlowsk Kamtschatski wie immer Mitternacht.«

Als Kind erschrak ich jedes Mal bei dieser Zeitansage. Ich war sehr besorgt wegen der Lage in Petropawlowsk Kamtschatski, einer Stadt in ewiger Mitternacht.

Zwischen den Nachrichten und den Zeitansagen liefen in unserem Fernsehen Sportsendungen, Tierfilme und Ballettaufführungen. Der sowjetische Bürger durfte zwischen drei Kanälen auswählen, im vierten saß ein Mann in Uniform an einem Tisch und drohte mit dem Finger. »Hör auf, mit den Knöpfen zu spielen!«, stand unter dem Bild. Wenn jemand aus dem Politbüro starb, lief mehrere Tage lang *Schwanensee* auf allen Kanälen, bis ein neuer Greis die Stelle des Verstorbenen einnahm. Dann lief der *Nussknacker*.

Ich habe neulich das Interview eines amerikanischen Diplomaten gelesen, der zehn Jahre lang in der

Sowjetunion als Botschafter diente. Er habe, sagte er, in zehn Jahren Russland mindestens dreihundert Mal den *Schwanensee* gesehen. Er konnte jede Pirouette im Schlaf ausführen. Und wenn er es konnte, dann konnten die sowjetischen Bürger es allemal. Deswegen können meine Landsleute selbst im hohen Alter gut tanzen und sind nach wie vor die Nummer eins im Ballett. Wenn alle sowjetischen Bürger damals auf die Straße gegangen wären und aus Protest gegen die Idiotie des Alltags zusammen den Tanz der kleinen Schwäne getanzt hätten, wäre das Regime sicher schon viel früher untergegangen. Aber sie haben es nicht über sich gebracht. Stattdessen warteten sie, dass alles von allein vorüberging, dass der Sozialismus sich selbst abbaute, alle Uhren gleichzeitig stehenblieben oder Tom & Jerry kamen.

Nichts davon ist wahr geworden, außer Tom & Jerry vielleicht. Doch anders als in Norwegen können sie in Russland wenig bewirken. Sie laufen schon beinahe dreißig Jahre durch die postsowjetischen Fernsehkanäle, leider ohne große Auswirkungen auf die russische Realität. Viele im Land verzweifeln. Sie sagen, Tom & Jerry seien eigentlich amerikanische Agenten, die für die Misere des Landes verantwortlich seien. Sie hätten das Land im Auftrag fremder Regierungen und großer Konzerne vollständig hypnotisiert. Solange Tom Jerry nicht erwischt, wird es mit Russland nicht vorwärtsgehen.

In Deutschland spielt das Fernsehen, wie gesagt, keine Rolle mehr im Leben der Kinder. Sebastian nutzt die Kiste nur, um seine Sony PlayStation anzuschließen, und Nicole hat ihr kleines Fernsehgerät für hungernde Kinder in Afrika gespendet. Jetzt sollen Tom & Jerry dort Glück bringen.

I Can't Get No Satisfaction

Manche Songs wird man ein Leben lang nicht los. Seit meiner Kindheit verfolgt mich das ewige Klagelied der britischen Jugend »I Can't Get No Satisfaction«. In der Sowjetunion war es einer der ersten Songs aus dem Westen, die nicht ausdrücklich verboten wurden. Anscheinend dachte die sowjetische Zensur, wenn die Jungs in England trotz ihrer süßen Stimmen keine Befriedigung finden, ist das ein klarer Fall von antikapitalistischer Kritik. Später in der Armee hatten wir dieses Lied auf einer Schallplatte, die uns oft als Wecker diente. In Berlin spielt es mein Nachbar auf seiner Klarinette, meine Tochter hat es auf ihrem Smartphone, und wenn ich das Radio anschalte, ist die Wahrscheinlichkeit, dass gerade »Satisfaction« läuft, hoch.

Ich weiß inzwischen, dieses Lied wird mich bis zum letzten Atemzug verfolgen. Die Stones haben es gesungen, als ich noch gar nicht auf der Welt war. Mein Vater hatte gerade meine Mutter kennengelernt, und beide überlegten, ob sie heiraten sollten. Eigentlich wollten sie nicht. Beide waren mit ihrem Leben höchst unzufrieden, und sie glaubten nicht, dass diese Hochzeit ihnen Befriedigung verschaffen würde. Inzwischen bin ich beinahe ein halbes Jahrhundert alt, mein Papa ist längst tot, und die Stones können noch immer keine Befriedigung finden. Ich frage mich, lohnt sich die Suche danach überhaupt, wenn sie so lange dauert?

Ein Freund von mir, der als Fotograf arbeitet und die Stones mehrmals fotografieren durfte, erzählte mir allerdings, sie seien eigentlich super befriedigt, sie täten nur so als ob. Denn man kann im Musikgeschäft nur dann langfristig überleben, wenn man unzufrieden ist, die Unvollkommenheit besingt, Mängel und Fehler preist. Zufriedene gehen in dieser Branche unter wie Marmor, Stein und Eisen. Moralapostel mit ewigen Werten im Rucksack leben nicht lange, denn Befriedigung ist eine Sackgasse. Alle lieben sich, halten Händchen, joggen am Morgen – und abends sind sie tot. Ich bin sicher, die Stones leben nur, solange sie dieses eine Lied singen und mögen. Das ist ihr Gebet, mit dem sie sich selbst und uns alle vor zu schneller Befriedigung schützen.

Seit geraumer Zeit gibt es ein weiteres Musikstück, diesmal von Rammstein, das mich verfolgt. Es hat ganz harmlos angefangen. Zuerst sang es mir in Russland ein Museumsdirektor ins Ohr, ein Polizist pfiff es in einem Restaurant, und mein Sohn lästerte darüber. Der Höhepunkt meiner Begegnungen mit dem schöpferischen Schaffen dieser Band wurde in Brandenburg auf unserer Datscha erreicht. Ich ging mit einer Flasche Wein unter dem Kirschbaum meines Nachbarn Helmut hin und her. Gerade hatte ich ein Buch über Gnostiker gelesen und wie sie die Entwicklung des Christentums sowie des religiösen Denkens in Europa beeinflusst hatten, wobei sie davon ausgegangen waren, dass alle Zeit der Welt bloß geliehene Zeit ist. Man kann sie weder reproduzieren noch horten, sie ist schneller zu Ende, als man glaubt, und kein Gott kann dir helfen. Ich dachte intensiv über dieses spannende Thema nach.

»Du!«, rief es plötzlich vom Himmel. »Du hasst mich!«

»Nein!«, sagte ich so aufrichtig wie möglich, blieb stehen und schaute nach oben. Eine dunkle Wolke bedeckte die Sonne.

»Doch, du hasst, du hasst mich«, sagte die Wolke.

»Ich hasse niemanden«, antwortete ich, »das ist Quatsch.«

In diesem Moment merkte ich, dass die Stimme nicht vom Himmel, sondern aus der Krone des Kirschbaumes, genauer gesagt aus einem kleinen CD-Player kam, der am Baum befestigt war. Gott sei Dank war ich nicht verrückt geworden. Für eine Unterhaltung mit sprechenden Kirschbäumen war ich doch noch nicht reif. Ich ging schnellen Schrittes zurück ins Haus und trank erst einmal einen Cognac. Das soll gut für die Nerven sein. Wenig später kam mein Nachbar mit einem Eimerchen voller Süßkirschen, die er uns schenkte. Ich erzählte ihm von meinen akustischen Halluzinationen. Helmut lachte und erzählte mir, nur dank Rammstein habe er seine Kirschenernte retten können. Er hatte lange nach einem Mittel gesucht, um die Vögel vom Kirschbaum fernzuhalten. Nichts half. Bis er auf die Idee kam, seinen alten CD-Player als eine Art akustische Vogelscheuche einzusetzen. Er befestigte ihn am Kirschbaum und experimentierte dann lange mit allen Arten von Musik, bis er die richtige fand. Rock 'n' Roll versagte sofort und auf der ganzen Linie. Sogar Heavy Metal konnte die Vögel nur in der ersten Minute erschrecken. Volksmusik schien ihnen sogar gut zu gefallen. Zu Schlagern kamen sie von überall angeflogen, und bei »Marmor, Stein und Eisen bricht« kackten sie wie verrückt. Im Großen und Ganzen waren die Vögel von Musik kaum zu beeindrucken und schon gar nicht zu verscheuchen. Helmut war gerade dabei aufzugeben, da brachte ihm sein Sohn eine CD von Rammstein. Danach ist kein einziger Vogel mehr in der Nähe des Baums aufgetaucht. Helmut, der längst in Rente ist, wurde darüber ein begeisterter Rammstein-Fan.

Wir saßen mit Kirschen und Cognac auf der Veranda

der Datscha und hörten Rammstein frisch vom Baum. Danach telefonierte ich mit den Kindern in Berlin. Zu Hause wüteten die Katzen, wenn man Nicole und Sebastian glauben durfte. Aber alles sei gut!, erzählte meine Tochter, sie würde mit ihrer Freundin Anita in der Küche sitzen und frühstücken. Im Hintergrund grunzte und hustete jedoch jemand mit einer tiefen impertinenten Stimme, die nicht die von Anita war. Oder doch? Vielleicht hatte sich das Mädchen am Müsli verschluckt.

»Alles ist gut, Papa«, wiederholte meine Tochter mit der Stimme eines Hypnotiseurs. »Du brauchst dir keine Sorgen zu machen, du musst auch nicht hierherkommen, das sind unsere Katzen, die husten. Jetzt essen sie alle schnell und gehen dann.«

Dieser Plural, diese ständige Ungewissheit!

»Wer sind sie?«, fragte ich weiter. »Sag mir jetzt die Wahrheit, wer ist bei dir?«

»Anita und die Katzen«, wiederholte meine Tochter hartnäckig. Lautes vertrauensvolles Miauen ertönte im Hintergrund. Sollten die Nachbarn sich beschweren, dass die Musik zu laut war – das waren die Katzen, die mit der Computermaus gespielt und zufällig die Lautstärke hochgedreht hatten. Das konnte ja mal passieren, oder?

»Natürlich!«, bestätigte ich.

»Wir haben es leider zu spät bemerkt«, erklärte meine Tochter weiter. »Die große Topfpflanze auf dem Kühlschrank ist umgekippt und liegt auf dem Boden. Das waren wir nicht, das haben leider auch die Katzen gemacht.«

Nach diesem Gespräch war ich richtig sauer auf die Katzen. Sie drehen in der letzten Zeit völlig durch. Sie haben eine Flasche guten Cognac zu Hause ausgetrunken, meine Zigarren aufgeraucht und lauter idiotische Spiele auf meinen Laptop geladen. Außerdem haben sie offenbar gelernt, die Kühlschranktür auf- und zuzumachen. Die Katzen stehen auf Pizza Diabolo, entfernen jedoch zuerst alle getrockneten Tomaten von der Oberfläche, weil sie die nicht mögen. Ich glaube, wir müssen alle zum Tierarzt.

Alter Mormone hat immer recht

Das heutige Berlin gleicht für mich einem modernen Babylon ohne Turm. Hier haben sich Menschen aus ganz Europa versammelt, um einmal nichts zu tun. Die Jugend schlendert in Massen durch die Stadt, nicht nur an Wochenenden. Die zahlreichen Baustellen stehen still. Irgendwann wird hier wahrscheinlich jede Baugrube in eine Disko oder in ein Café verwandelt sein. Bereits in der Schule wird man auf dieses Babylon vorbereitet. Meine Kinder lernen fünf Sprachen, und wenn sie erwachsen sind, können sie ganz Europa vollquatschen. Schüler werden dazu bereits ab der neunten Klasse von der Schulleitung in andere Länder geschickt, um das Leben in der Fremde zu studieren.

Letztes Jahr flogen drei Freundinnen meiner Tochter so nach Frankreich, im Rahmen eines deutsch-französischen Schüleraustauschs. Sie besuchten die Stadt Lyon, genau genommen eine spezielle Schule, wo junge Franzosen von der Grundschule an bereits mit der deutschen Sprache traktiert wurden. Meine Tochter war im Französischen nach Meinung der Lehrer nicht gut genug, sie wurde nicht mit auf die Reise genommen und beneidete ihre Freundinnen von ganzem Herzen. Nach zwei Wochen kamen die Mädchen zurück und berichteten ziemlich enttäuscht, die Franzosen könnten zwar gut Deutsch, besser als die Deutschen Französisch, von ihrem Wesen her seien sie aber vollkommen zurückgeblieben und sähen selbst mit fünfzehn Jahren noch aus wie Zwölfjährige in Berlin. Außerdem hätten Franzosen keine Ahnung von guter Musik, hörten Shakira und Britney Spears und könnten null Alkohol vertragen. Eine Party für zwanzig Gäste würde in Lyon mit fünf Dosen Bier gefeiert, und nach einer Stunde lägen alle besoffen unterm Tisch.

Kein Wunder, dass sie dermaßen unterentwickelt sind, meinten die Mädchen übereinstimmend. Denn die Jugend in Lyon hätte, anders als die in Berlin, kaum Möglichkeiten, ihre Standhaftigkeit dem Alkohol gegenüber zu trainieren, schließlich gäbe es nur wenige Chancen, an Zigaretten und Alkohol zu kommen. In Berlin sei der deutsche Schüler in jedem Spätverkaufsladen als wichtiger Bierkonsument hochgeschätzt, in Lyon dagegen gäbe es nicht einmal einen »Späti«, berichteten die Mädels. Es sei dort verboten, Menschen außerhalb der üblichen Arbeitszeiten auszubeuten. Kein Wunder: Lyon war im 19. Jahrhundert die Wiege der europäischen Arbeiterbewegung. Der berühmte Aufstand der Seidenweber von Lyon im Jahr 1831 schaffte es sogar in das sowjetische Lehrbuch für europäische Geschichte und beanspruchte dort ein ganzes Kapitel. Die Weber von Lyon kämpften für weniger Unterdrückung, anständigere Löhne und gemäßigtere Arbeitszeiten. Ihr Kampf war dermaßen erfolgreich, dass sich schon bald kein Kapitalistenschwein mehr mit der Lyoner Arbeiterbewegung anlegen wollte. Die Fabriken machten zu, und die Seidenproduktion wanderte ab – vermutlich nach China. Seit dem 20. Jahrhundert wurde in Lyon weder etwas gewebt noch spätverkauft. Die Weber waren vermutlich noch hart im Nehmen gewesen, ihre Nachkommen dagegen können keinen Alkohol mehr vertragen. Wahrscheinlich verweichlichten die Menschen, wenn sie nicht täglich gegen Ausbeutung und für mehr Rechte kämpfen mussten, wie es die deutschen Schüler zum Beispiel taten.

Meine Tochter wunderte sich zwar trotzdem über die angebliche Kindlichkeit der Franzosen, wusste aber mittlerweile, dass nicht alles, was ihre Freundinnen erzählten, auch stimmte. Und die Wahrheit würde über kurz oder lang ohnehin ans Licht kommen.

Ein Schüleraustausch setzt nämlich voraus, dass dein Gastgeber aus dem Ausland später auch zu dir nach Hause kommt. So verging nicht einmal ein Jahr, da kamen fünf Franzosen aus Lyon nach Berlin. Tagsüber hatten sie eine anstrengende Tour durch die Stadt auf dem Programm, bei dem sie zur Berliner Mauer geschleppt und ins Terror-Museum eingeladen wurden. Abends zeigten die Mädchen den ausländischen Gästen dann das echte Berliner Nachtleben. Weil die Mädchen zwar großgewachsen, aber noch keine sechzehn Jahre alt waren, brauchten sie meine kleine Tochter. Nur sie hatte den Zauberausweis und durfte für die ganze Bande im Jugendclub Bier kaufen. Dieser Jugendclub in unserem Bezirk ist alt und hässlich. Bereits die Eltern der heutigen Jugend und bei manchen sogar die Großeltern hatten dort ihr erstes Bier getrunken und waren dort wach geküsst worden. Manchmal gehen sie noch heute dort hin, weil sie im tiefsten Inneren einfach nicht glauben wollen, dass sie alt geworden sind. Das sagen sie natürlich nicht laut, sie benutzen eine Ausrede. Sie sagen zum Beispiel, sie müssten in den Jugendclub, um auf ihre Kinder und Enkelkinder aufzupassen, oder weil sie wissen wollten, welche Musik gerade angesagt sei.

Im Jugendclub spielt sich nämlich der Soundtrack der Zukunft ab. Diese Musik ist ein scheues Reh. Sie taucht nicht in Hitparaden auf, wird nicht von großen Musikkonzernen organisiert oder auf Konzerten in Stadien und großflächigen Diskotheken gespielt. Niemals hört man die richtige Musik im Radio oder im Fernsehen. Sie entsteht nur in den Köpfen der Jugendclubbesucher, wenn ihre Lieblingsschulband die Bühne betritt. Im Jugendclub tobt sich die Welt von morgen aus, und Schulbands gehen nicht auf die Bühne, um Geld zu verdienen, Quoten zu erhöhen oder alten Omas zu gefallen. Sie gehen auf die Bühne, um der Welt zu zeigen: Wir sind da! Wir sind die Richtigen, und alle vor uns waren die Falschen.

In jeder Schule gibt es eine coole Band, die alle lieben, obwohl sie niemandem gefallen will und einen extralangen, großspurigen, bedeutungsschwangeren, unverständlichen Namen trägt. In meiner Schule spielten beispielsweise »Die Panzer des indischen Sultans«, und mein Freund Yurij gründete eine Band, die »Der illegale Übergang der Staatsgrenze« hieß. In der Schule meiner Tochter heißt die zurzeit coolste Band »Alter Mormone hat immer recht«. Meine Tochter kennt die Mitglieder praktisch persönlich. Der Bassgitarrist der »Mormonen« hatte nämlich mal eine Affäre mit der Exfreundin einer Freundin meiner Tochter, die mit ihr zusammen in der Grundschule war.

Die Franzosen hatten Glück. Am Tag ihres ersten Besuches im Jugendclub spielten die »Alten Mormonen«, und der Laden platzte aus allen Nähten. Während des Konzerts begegneten die Austauschschüler aus Lyon einer anderen französischen Austauschschülergruppe, die hauptsächlich aus Mädchen bestand. Die Berliner Gastgeber wollten sie sofort verkuppeln, woraufhin »unsere« Franzosen sagten: »No! Wir sind nach Deutschland gekommen, um es mit den deutschen Weibern zu treiben. Die Französinnen sind uns egal.« Sie erklärten auch, dass das Wort »egal« wörtlich aus dem Französischen übersetzt nichts anderes als »Finger im Po« bedeute.

Danach wurden die Franzosen rasch müde. Der alte Mormone spielte extrem laut, außerdem hatten sie zu fünft schon ihr Bier getrunken. Die Partys der Jugend gehen zu schnell zu Ende, als Aschenputtel der Gesellschaft dürfen sie nur bis Mitternacht feiern. Dann verwandeln sich leider alle Sechzehnjährigen, die nicht ins Bett eilen, in Kürbisse. Das ist empirisch belegt. Um zehn vor zwölf leerte sich daher der Club, die Mädels trugen die Franzosen nach Hause, und das Personal sammelte verbotene Starkgetränke in den Ecken ein. Nur die »Alten Mormonen« wüteten noch weiter auf der Bühne, wenn auch ohne Ton und Licht. Für sie war der Abend deutlich zu kurz geraten. Das Personal betrachtete die Mühe der Band mit Nachsicht, denn der »Alte Mormone«, und das wissen hier eigentlich alle, hat immer recht.

Ode an die Dummheit

»Lesen ist die Quelle der Weisheit« stand bei uns im Klassenraum neben der Tür geschrieben. Die Literaturlehrerin mochte mich anfänglich. Zum einen, weil sie früher mit meiner Mutter an der gleichen Hochschule gearbeitet hatte, zum anderen, weil ich viel und gerne las. Das tat ich aus purer Langeweile, ich hatte nicht vor, dadurch klug zu werden. Menschen, die sich für klug hielten, waren in meinen Augen Idioten. Sie haben die Welt in einen erbärmlichen Zustand gebracht, sodass weniger Kluge jetzt überhaupt nicht mehr wissen, was tun. Sollte die Welt doch noch gerettet werden, dann von den Dummen, so phantasierte ich damals. Und die klassische russische Literatur half mir dabei.

Der Literaturunterricht war in unserer Schule selbstverständlich planwirtschaftlich organisiert. Wir lasen alle zu Hause das gleiche Buch, wurden ungefähr einen Monat lang von der Lehrerin aufgeklärt, was der Autor des Werkes in Wirklichkeit meinte, und schrieben am

Ende des Monats einen Aufsatz dazu. Laut unserer Literaturlehrerin handelte jedes russische Buch von Unterdrückung. Zu Dostojewskis Roman *Schuld und Sühne* hieß unser Aufsatzthema »Das Dilemma des armen Studenten: Bin ich ein Mann oder eine Maus?«. Dostojewski zeigte in diesem Roman, wie begabte Studenten aus armen Familien im zaristischen Russland unterdrückt wurden. Sie gierten nach Wissen, konnten aber ihren Studienplatz nicht bezahlen. Einige von ihnen sahen sich in dieser ausweglosen Situation dazu gezwungen, alte Frauen umzubringen, um mit deren Ersparnissen ihr Studium zu finanzieren. Erst die sozialistische Revolution hatte die Menschen gleichgestellt und die armen Studenten von der bitteren Notwendigkeit, alte Frauen zu zerhacken, befreit. Seit 1917 ist Bildung bei uns kostenlos. Die Studenten lernen für umsonst, und alte Frauen bekommen eine Rente.

Nach Dostojewski war Tolstoi dran: *Krieg und Frieden*. Die Mädchen in unserer Klasse interessierten sich hauptsächlich für die Liebesgeschichten des Friedens. Mich und meine Freunde interessierte in erster Linie der Krieg. Wen juckt es, wer das Herz von Natascha letzten Endes erobert? Die großen Schlachten der vergangenen Zeiten, die Kanonen im Pulverdampf zogen uns an. Das Aufsatzthema dazu hieß: »Der Befreiungskampf der russischen Partisanen gegen die französische Armee«. Die These der Lehrerin lautete: Der Sieg über

Napoleon hat das Selbstbewusstsein des russischen Volkes gestärkt. Als es mit einem fremden Imperator fertiggeworden war, richtete es seine Mistgabeln gegen den eigenen Zaren und befreite sich vom Joch der Monarchie. Dies wurde von Lenin in seinem Aufsatz »Leo Tolstoi als Spiegel der Russischen Revolution« bestätigt.

Am Ende des Schuljahres streiften wir kurz Tschechows Erzählung »Der Dicke und der Dünne«. Auch hier ging es um die Unterdrückung des kleinen Mannes durch das zaristische Regime mit seiner abschließenden Befreiung durch die revolutionären Soldaten, Arbeiter und Bauern, die zwar von Tschechow nicht beschrieben, aber sicher mitgedacht worden waren. Danach gingen wir über zur sowjetischen Literatur. Ich hörte auf, planwirtschaftlich zu lesen, und boykottierte alles, was im Unterricht angeboten wurde. Ich hatte große Zweifel, ob es in dieser ganzen russisch-sowjetischen Literatur überhaupt irgendwelche Werke gab, die nicht von der Unterdrückung des kleinen Mannes und seiner Befreiung durch den Einsatz von Arbeitern und Bauern handelten. Meine Freundschaft mit der Literaturlehrerin ging zu Ende. Selbst die Tatsache, dass sie meine Mutter gut kannte, konnte daran nichts ändern. Und obwohl ich seit dreißig Jahren mit der Schule fertig bin und seither sehr viele Bücher gelesen habe, suche ich in jedem russischen Buch unbewusst noch immer die Spur der Arbeiter und Bauern.

Im kapitalistischen Amerika, unserem damaligen Widersacher, war der Literaturunterricht bestimmt auf die gleiche Weise organisiert, nur umgekehrt. Dort wurden wahrscheinlich der kleine Mann und der arme Student ständig von Bauern und Arbeitern terrorisiert. Leider kannte ich niemanden in Amerika, um meine Theorie zu prüfen. Als ich als Erwachsener mit meiner Familie nach Amerika reiste, erzählten die amerikanischen Teenager meiner Tochter, wie dort das Lesen in der Schule organisiert war: Sie bekamen einmal im halben Jahr eine Liste mit zehn Pflichtbüchern, dazu sollten sie noch einmal zehn ihrer eigenen Wahl lesen. Wann und wo sie die Bücher lasen, war egal, Hauptsache, sie konnten den Inhalt jedes Buches im Unterricht nacherzählen. Literaturverfilmungen zählten dabei leider nicht, um zu verhindern, dass amerikanische Schüler einfach ins Kino gingen, statt zu lesen. Ich glaube, das war eine überflüssige Sorge. In der heutigen Welt kann man die Menschen ohnehin nicht zum Lesen zwingen, wenn sie keine Lust dazu haben. Den Inhalt der zehn Pflichtbücher kann jeder schnell im Internet nachschauen und sich die zehn selbstgewählten während des Unterrichts ausdenken.

In Deutschland wird im Literaturunterricht nicht gemogelt. Literatur wird dort laut und deutlich vorgelesen, damit sich ihr niemand entziehen kann. Zumindest in der Schule meiner Tochter wird der Stoff so behandelt. Ein Jahr, ein Buch. Seit einem Jahr liest die Klasse nun *Faust*, die Geschichte eines Mannes, der immer klüger aussehen wollte, je mehr Dummheiten er beging. Jedes Mal zu Beginn des Unterrichts werde ein Schüler mit einer besonders piepsigen Stimme von der Lehrerin ausgewählt, berichtete meine Tochter. Er sollte während der ersten Unterrichtsstunde aus dem Drama vorlesen. In der zweiten Stunde wollte die Lehrerin über das Gelesene diskutieren.

»Woran erinnert euch der gerade vorgelesene Ausschnitt?«, fragt die Lehrerin fröhlich. »Kommt euch die Geschichte von Gretchens Verführung und der Ermordung ihres Bruders Valentin nicht bekannt vor? Nein? Das ist doch exakt der letzte *Tatort*-Fall aus dem Saarland, wo dieser afghanische Student zur falschen Zeit am falschen Ort ankommt und sieht, wie seine Schwester von einem unbekannten Mann umarmt wird. Er mischt sich ein und wird umgebracht. Findet ihr nicht, dass die letzte Folge eine erstaunliche Ähnlichkeit mit dem vorgelesenen Akt aus *Faust* hat?«

Betrübtes Schweigen in der Klasse. Die Schüler schütteln nur verständnislos die Köpfe. Sie kennen die Lehrerin schon lange und wissen daher, dass sie eine *Tatort*-Macke hat. Sie ist ein großer Fan dieser Endlosserie, verpasst nie eine Folge und kennt die Ermittler und Kommissare aus allen Ecken Deutschlands mit Vor- und Nachnamen. Der *Tatort* wird immer sonntags ausgestrahlt. Der Montag beginnt mit Deutschunterricht. Kein Wunder also, dass jeder Akt aus dem *Faust* die Lehrerin an ihre Lieblingsserie erinnert. Die Schüler selbst schauen keinen *Tatort*, sie finden die Serie uncool. Dementsprechend können sie das Leiden des Faust nicht nachvollziehen. In ihrer Erinnerung wird Faust, so glaube ich zumindest, für immer ein tollpatschiger *Tatort*-Kommissar bleiben, der ständig zu spät und am falschen Ort erscheint, dem schleimigen Verbrecher hoffnungslos unterlegen, der stets das Gute will und stets das Böse schafft.

Leben heißt Leben

Das russische Leben hat einige verrückte und lustige Sachen hervorgebracht, die heute zur Folklore zählen, darunter beispielsweise sibirische Reiselieder, die sich endlos in die Länge ziehen. Ein solches Lied kann reichen, um beim Singen die halbe Welt zu durchqueren. Andere seltsame Erfindungen sind auch Holzlöffel und Pfeifen, die virtuos als Musikinstrumente benutzt werden, oder große aus Holz geschnitzte schwangere Puppen, in denen eine Reihe kleinerer schwangerer Puppen steckt. Aber die meiner Meinung nach so ziemlich verrückteste Erfindung, die auch aus dieser Reihe tanzt, ist ein Wodka namens »Eichhörnchen«. Dazu muss man wissen, dass nach einem russischen Aberglauben nicht weiße Mäuse die ersten Vorboten eines Deliriums sind, sondern lächelnde Eichhörnchen. Es heißt, wenn sich einem Säufer ein Eichhörnchen auf die Schulter setzt und ihn schräg anlächelt, ist es bereits zu spät für ihn, mit dem Trinken aufzuhören. Die Wodkamarke »Eichhörnchen« mit einem grinsenden Nager auf dem Etikett und dem Spruch »Begegnung garantiert«, habe ich vor Jahren von einem Landsmann geschenkt bekommen. Die Flasche stand dann ein halbes Jahr bei uns in der Küche auf dem Schrank und blickte groß und bedrohlich auf uns herab. Ich habe sie aus Respekt vor dem Nagetier weder getrunken noch Gästen angeboten. Am letzten Ostermontag wurde sie jedoch über Nacht leer. Über Ostern hatten wir unbedingt in den Garten nach Brandenburg fahren wollen, doch unsere Kinder hatten keine Lust, die Stadt zu verlassen.

»Nur Kartoffelkinder verlassen über Ostern die Stadt«, klärte mich mein allwissender Sohn auf. »Alle normalen Menschen bleiben in Berlin«, fügte er nachdrücklich hinzu.

Mit meinem Sohn lerne ich die modernen Entwicklungen der deutschen Sprache, er hat Geduld mit mir und ist ein guter Erklärer. Von ihm erfuhr ich, dass Kartoffelkinder die leiblichen Kinder deutscher Eltern sind und alle über Ostern zu ihren Omas nach Niedersachsen fahren. Die sogenannten Reiskinder, also Kinder aus vietnamesischen Familien, und die Wodkakinder, sprich Russen, bleiben zu Hause und machen die Stadt unsicher. Ich hätte noch gern gewusst, wie die schwarzen Kinder in diesen *urban tales* genannt werden – mein Sohn hat mehrere schwarze Freunde –, doch danach zu fragen traute ich mich nicht. Er hätte mich allein der

Frage wegen sofort des Rassismus bezichtigt. Bei uns in der Familie darf nur meine Schwiegermutter über solche sensiblen Themen reden. Sie kommt aus einer anderen Welt, vom russischen Land, dort dürfen die Menschen noch ihre Illusionen pflegen. Außerdem spricht sie nur Russisch, kann also niemanden beleidigen, der dieser Sprache nicht mächtig ist.

Die schwarzen Freunde meines Sohnes mögen die russische Küche meiner Schwiegermutter sehr und essen oft bei uns. Am liebsten essen sie ihre Pfannkuchen.

»Na, schmeckt gut?«, freute sich neulich meine Schwiegermutter. »Jetzt könnt ihr in ganz Afrika erzählen, wie russischer Pfannkuchen schmeckt«, bemerkte sie nachdenklich.

Meinem Sohn fiel beinahe der Pfannkuchen von der Gabel. Er verschluckte sich und wurde rot wie eine Tomate. Aber zum Glück verstanden seine Freunde kein Russisch, deswegen hat meine Schwiegermutter eine Carte blanche und kann erzählen, was sie will.

Während der Osterferien stiegen unsere Kinder voll auf das hiesige Nachtleben um, gingen immer später schlafen und wachten immer später auf – bis sich bei ihnen Tag und Nacht vollkommen verschoben hatten, wie bei Graf Dracula und seinesgleichen. Tagsüber schliefen sie, nachts zogen sie sich schick an und gingen aus, Partys feiern. Am Ostermontag haben wir sie schließlich allein gelassen und sind auf eigene Verantwortung in unseren Garten gefahren. Als wir am nächsten Tag zurückkamen, war das Erste, was ich sah, die leere Eichhörnchenflasche. Genau genommen stand sie halb leer auf dem Schrank, und das Nagetier zwinkerte frech. Mir wurde schlecht bei der Vorstellung, dass meine Wodkakinder das Eichhörnchen aus der Flasche gelassen hatten.

»Was regt ihr euch wegen solchen Kleinigkeiten auf!«, wunderte sich meine Tochter. »Wir haben euren Wodka nicht ausgetrunken, wir hatten Besuch.«

Es waren sieben Kartoffelkinder da gewesen, die von ihren Omas aus Niedersachsen zurückgekehrt waren. Jesus war auferstanden, also hatten sie zurückgedurft. Bei uns mixten sie dann leichte Wodka-Cola-Drinks nach einem Rezept aus dem Jugendschutzgesetz. Meine Kinder standen bloß daneben, amüsierten sich ein wenig und gingen sogar früher als sonst schlafen, nämlich bereits um halb vier. Gleich am nächsten Tag wollte meine Tochter los und uns eine neue Flasche Wodka kaufen.

»In jedem Laden wird hier an Minderjährige verkauft«, versicherte mir Nicole, »wenn man nur richtig fragt.«

Aber unterwegs wurde ihr klar, dass so etwas Verrücktes wie der Eichhörnchen-Wodka in Deutschland gar nicht verkauft wurde. Und eine andere Sorte wollte sie uns nicht in die Flasche kippen. Ich staunte nur über die Frechheit der jungen Generation. Diese Kinder hatten gelernt, dass im Verteidigungskrieg gegen die Eltern die Wahrheit unter Umständen eine bessere Waffe ist als die Lüge.

»Und übrigens, tut nicht so entsetzt!«, sagte Nicole und schaute uns streng in die Augen. »Habt ihr etwa euren Eltern nicht mal irgendwelche Flaschen geklaut, als ihr sechzehn wart? Das macht doch jeder in dem Alter! Hast du, Papa, mir nicht sogar erzählt, wie du einmal eine Wodkaflasche deines Vaters mit Wasser aufgefüllt hast?«

Die plumpe Wahrheit eines jungen Menschen ist nicht weniger überzeugend als die kluge Lüge eines alten, finde ich. Und nichts beflügelt junge Leute mehr als die Wahrheit.

»Eure Flasche ist aber original unverdünnt geblieben, und sie ist noch immer halb voll. Ihr könnt echt stolz auf eure Kinder sein!«, fügte Nicole mit Nachdruck hinzu.

Ich hatte nach dem langen Tag im Garten keine Lust, tiefsinnige Gespräche mit ihr darüber zu führen, ob die Flasche nun halb voll oder halb leer war, und machte einen Rückzieher. Abends sah meine Tochter ziemlich geschafft aus.

»Heute Nacht schon wieder Party«, seufzte sie. »Dabei habe ich die letzten drei Tage kaum geschlafen. Jede Nacht ist irgendwas.«

»Dann geh doch lieber ins Bett«, empfahl ihr ihre Mutter.

»Vielleicht hast du recht«, sagte Nicole nachdenklich, gähnte und fing an, sich zu schminken. Zehn Minuten später zog sie ihre Doc Martens und ihre rote Lederjacke an – fertig zum Ausgehen.

»Du wolltest doch schlafen«, wunderte sich die Mutter.

»Ach, Mama«, sagte Nicole. »Ich will leben!«

Zur Kernfrage einer Geschichte

Meine Kinder haben es nicht leicht mit einem Vater, der Schriftsteller ist. Alles, was sie sagen und tun, kann aufgeschrieben und von Freunden und Bekannten gelesen werden. Besonders neugierige Freunde wollen auch oft wissen, ob das alles tatsächlich stimmt. Hast du wirklich ein Plüschtier namens Dino gehabt?

In Russland gab es einen berühmten Schriftsteller, der für Kinder schrieb. Einmal veröffentlichte er eine lustige Erzählung darüber, wie sein Sohn den Frühstücksbrei aus dem Fenster warf, um mit diesem genialen Einfall die Eltern zu täuschen: Sie sollten denken, er habe alles aufgegessen. Die Eltern bemerkten tatsächlich nichts und freuten sich über den guten Appetit ihres Kindes. Allerdings nur fünf Minuten lang. Dann klopfte die Nachbarin mit dem Frühstücksbrei auf dem Kopf an die Tür und schimpfte wie wild. Sie sei zufällig im Hof spazieren gegangen und hätte ein fremdes Frühstück abbekommen.

Die Erzählung wurde in meiner Heimat zu einem großen Erfolg. Der Sohn des Schriftstellers wuchs heran, wechselte immer wieder die Schulen und wurde in jeder neuen Klasse von seinen Kameraden und Lehrern gefragt, ob er tatsächlich den Brei aus dem Fenster gekippt hätte. Später ging er ins Literaturinstitut, er wollte Schriftsteller werden, ein ernster Schriftsteller für Erwachsene. Bei der Aufnahmeprüfung lachte der Leiter der Prüfungskommission: »Sie sind also derjenige, der den Brei aus dem Fenster gekippt hat!« Seine erste Liebe wollte so lange nicht ja sagen, bis er ihr die ganze Wahrheit erzählt hatte, wie es damals mit dem Brei wirklich gewesen war. Er wurde älter, bekam selbst Kinder und Enkelkinder. Sein Vater war längst gestorben. Die Bücher des Vaters lebten jedoch weiter, und selbst seine Enkel fragten ihn nach dem verdammten Brei. Der Frühstücksbrei wurde ihm zum Verhängnis. Dabei hatte er den Frühstücksbrei gar nicht aus dem Fenster gekippt, sondern nur ins Klo gespült. Das hatte dem Papa aber für eine gute Geschichte nicht gereicht.

Meine armen Kinder müssen sogar in der Schule die Geschichten ihres Vaters studieren. Ich kann nichts dafür. Vor vielen Jahren landete eine völlig unspektakuläre Erzählung aus meinem Buch über die Schönhauser Allee im Deutschbuch für die 8. Klasse, und zwar im Kapitel »Lesen lernen. Kurzgeschichten-Interpretation«. In der Erzählung regnet es die ganze Zeit. Ein vietnamesisches Mädchen steht in einer tiefen Pfütze und schweigt. Immer mehr Menschen bleiben ebenfalls an der Pfütze stehen. Sie rätseln, warum das Mädchen in der Pfütze steht und ob es sich möglicherweise verlaufen hat und Hilfe braucht. Lange Zeit passiert in der Geschichte nichts weiter. Am Ende springt das Mädchen in der Pfütze hoch, und alle drum herum Stehenden werden nass. Das Mädchen lacht teuflisch und läuft weg. Die Bürger sind ratlos.

»Fasst die Aussage des Textes zusammen, diskutiert miteinander, welcher Satz den Kern der Geschichte am besten wiedergibt. Schreibt in einem Satz, was die eigentliche Aussage des Autors ist.«

Mein Sohn kam verärgert nach Hause. Zwei Stunden lang war die Klasse mit der Kurzgeschichten-Interpretation gefoltert worden.

»Die Jungs mögen deine Geschichte nicht«, sagte er. »Sie lesen lieber Murakami oder Terry Pratchett. Bei denen ist der Kernsatz leicht zu finden, die Aussage ist absolut klar. Aber bei dir? Kannst du mir erklären, wieso das Mädchen aus der Pfütze springt? Die Jungs haben mich beauftragt, dich zu fragen, was die Botschaft deiner Geschichte ist und ob es überhaupt eine gibt?«

Seine Frage hat mich kalt erwischt. Die halbe Nacht habe ich über die Message dieser und überhaupt aller

Geschichten nachgedacht. Ich gebe zu, sie ist auch mir nicht zugänglich. Schuld daran sind Adam und Eva. Seit ihrem Frühstück unterm Baum der Erkenntnis kann der Mensch Gut und Böse, Sinn und Schwachsinn nicht mehr richtig auseinanderhalten. Seit dem Sündenfall gibt es das Gute auf der Welt nicht mehr in reiner Form. Das Gute ist mit dem Bösen gestreckt. Bevor sie die Frucht der Erkenntnis genossen, hatten Adam und Eva in einer klar aufgeteilten Welt gelebt. Gott hatte ihnen genau gesagt, was richtig und was falsch war. Links lag das Gute, rechts das Böse. Der Apfel aber brachte den Zweifel, ob das Böse tatsächlich und immer böse war oder manchmal auch Gutes bewirken konnte. Und wie gut das Gute wirklich war, musste auch noch getestet werden. Nun hat jeder von uns große Mühe, die Spreu vom Weizen, den Sinn vom Unsinn zu trennen.

Es ist schwer zu verstehen, was die Kernaussage der Geschichte ist. Klare Antworten sind heutzutage nur bei Schurken und Idioten zu finden. Ob das vietnamesische Mädchen ein guter oder ein schlechter Mensch war, als es aus der Pfütze sprang, fragt das Deutschbuch für die 8. Klasse. Frag mich nicht, du Deutschbuch für die 8. Klasse. Ich habe nur aufgeschrieben, was einmal auf der Schönhauser Allee passiert ist. Ich wollte nur Spaß. Ich habe nicht daran gedacht, dass sich schon bald Achtklässler mit der Frage quälen müssen, was die Botschaft des Mädchens war. Keiner wird es je wissen, solange das Mädchen es nicht verrät.

Die Entführer

»Ich werde morgen fünfzehn Jahre alt«, seufzte Sebastian, »ich fühle mich unsäglich alt. Was soll noch passieren? Von jetzt an geht es nur noch bergab. Was kann mir das Leben noch bieten, was ich nicht schon hatte?«

Ich hörte ihm zu, konnte seine Sorgen jedoch nicht nachvollziehen. Ich bin dreieinhalb Mal so alt wie er, und jeden Tag passiert mir etwas Neues.

»Fang an, deine Memoiren zu schreiben«, empfahl ich meinem Sohn, »Erinnerungsliteratur hat immer Konjunktur. Ich habe auch schon einen tollen Titel für dich: ›Damals, als die Welt noch in Ordnung war: 1999. Geboren am Jahrtausendende‹.«

Das Kind schien tatsächlich traurig zu sein, so kurz vor seinem Geburtstag. Das passiert mir auch manchmal – plötzlich nach dem Abendessen geht mir für einen Moment der Sinn des Lebens verloren. Aber Eltern sind schließlich dafür da, um die heranwachsende Generation mit klugen Weisheiten vollzupumpen.

»Mein lieber Sohn«, holte ich aus und schaute Sebastian in die Augen, »Menschen, die denken, die Welt müsse ihnen stets irgendwelche Abenteuer anbieten, werden früh alt. Wenn sie aber ihr Leben als ein Geben und nicht als Nehmen begreifen, bleiben sie ewig jung. Warum glaubst du, die Welt sollte dir etwas bieten? Biete du der Welt doch etwas an. Und du wirst sehen, plötzlich bekommt dein Leben ganz neue Farben!«

»Ich kann deine Pseudoweisheiten nicht mehr hören«, erwiderte mein Sohn.

Eigentlich streiten wir uns nie. Wir verstehen uns gut, gehen zusammen ins Kino und hören sogar zusammen Musik.

»Dieses Russenzeug«, schimpfte Sebastian, »das hören nur auf den Kopf gefallene Menschen, die zu viel Wodka getrunken haben.«

Mir gefällt sein Lieblingsrapper Pinkelprinz auch nicht richtig gut. Er hat eine debile arrogante Kinderstimme und kann nicht einmal zwei Textzeilen anständig miteinander verreimen. Und er besingt immer das Gleiche – wie irgendwelche Kiffer sich über ihr Pech in der Liebe beschweren –, als gäbe es auf der ganzen Welt nichts Spannenderes. Ich hatte Sebastian schon mehrmals gesagt, sein Rap sei ein alter Hut.

»Was für ein Hut?«, regte er sich auf. »Hey, Pa, du solltest solche alten Redewendungen nicht benutzen. Alter Hut! Das sagt kein Mensch!«

»Kein Mensch« bedeutet für ihn, niemand, der vierzehn Jahre alt ist. Ältere Personen zählen nicht.

»Ich weiß selbst ganz gut, was man sagen darf und was nicht«, entgegnete ich, »schließlich bin ich ein bekannter Schriftsteller.«

»Du bist kein bekannter Schriftsteller, dich kennt kein Mensch«, polterte mein Sohn zurück. Gemeint sind mit Menschen solche, die vierzehn Jahre alt sind.

»Doch!«, verteidigte ich mich. »Sehr viele junge Menschen kommen zu meinen Lesungen, Grundschüler kommen, sogar kleine Kinder, Babys und Hunde!«

»Die meisten gehen aber auch ganz schnell wieder, spätestens um Viertel nach zehn, weil die Türen in Altersheimen um 23.00 Uhr schließen«, witzelte mein Söhnchen.

Solche erfrischenden Dialoge haben wir oft, das tut unserer großen Liebe keinen Abbruch, im Gegenteil. Die junge Generation braucht ihre Eltern eigentlich ständig, um der Welt und sich selbst zu beweisen, dass sie die Eltern überhaupt nicht braucht. Die junge Generation schaut alle fünf Minuten in mein Arbeitszimmer, um zu streiten, zu lachen, mir ihre neuesten Musikeroberungen zu zeigen, um letzten Endes ihre Muskeln zu demonstrieren, alte Bücher im Regal durchzublättern und an den Fersen gekitzelt zu werden. Die Anwesenheit von Pa und Ma ist sehr wichtig, egal wie blöd und unsensibel sich Pa und Ma geben. Mit Pa ist nicht zu spaßen, wenn es um seine sogenannte Literatur geht, und Ma kann richtig streng werden, wenn ihr Musikgeschmack angezweifelt wird. Aber ohne Ma geht gar nichts. »Wo ist Ma?«, schreien die Kids, kaum von der Schule zurückgekommen. Wo ist sie? Ma kann sich nirgends verstecken, sie wird aus der Küche geholt, von den Blumen auf dem Balkon weggezerrt, aus dem Bad gefischt. Und der ganze Aufwand nur, um sie zu fragen: »Darf ich deinen Spiegel benutzen?«

Die Eltern-Kind-Beziehung ist ambivalent. Zum einen sieht der Nachwuchs seine Eltern mit kritischen Augen und träumt von einer sturmfreien Bude. Zum anderen wollen Kinder ihre Eltern 24 Stunden in der Nähe haben, als eine Art Riesenstehlampe im Rücken, die im Sommer Schatten und im Winter warmes Licht spendet. Kinder sind familienfreundlich. Als sich mein Sohn einmal einen ziemlichen Hammer geleistet hatte und Blitz und Donner von Pa und Ma bekam, sagte er, er werde es nicht wieder tun, denn »es zerstört unsere Familie«. Wir waren sehr angetan. Und ich weiß von meinen Freunden, dass die Kinder getrennter Eltern noch sensibler auf ihre beiden Elternteile reagieren. Die eine Mutter erzählte mir, wie das alte Kind ihren neuen Partner mit seiner Eifersucht auf die Palme brachte. Ein dreifacher Papa erzählte mir, wie sein ältester Sohn aus erster Ehe ihn bei jedem Erziehungsversuch stets zu seinem neuen Kind schickte. Und ein anderer Papa erzählte, seine Tochter wolle jetzt ihn für ihr Pech mit Jungs verantwortlich machen, weil er eine Zeit lang nicht zu Hause geschlafen habe.

Die verrückteste Geschichte dieser Art ist Bekannten von mir mit ihrem beinahe volljährigen Sohn Birk passiert. Beide Elternteile waren aus Mangel an gegenseitiger Liebe und Respekt auseinandergegangen. Im Nachhinein ist es immer schwer zu sagen, was der Grund für die Trennung war, vielleicht hatten sie zu große gegenseitige Erwartungen gehabt? Der Sohn passte gut zu seinem Namen. Zuerst hatte ich allerdings gedacht, ich würde schlecht hören und Birk in Wirklichkeit Dirk heißen. Aber nein. Ich weiß nicht, welcher Teufel die Eltern damals geritten hat, dem Kind einen so hölzernen Namen zu geben, wobei die heute modischen Namen in meinen Ohren fast alle komisch klingen. In der Klasse meines Sohnes lernen beispielsweise ein Borwin, ein Freund und ein Thor.

Birk war gerade in der elften Klasse, als sich seine Eltern trennten. Solange sie zusammen waren, hatten die Eltern nicht viel Zeit mit Birks Erziehung verbracht. Kaum gingen sie aber auseinander, fing ein regelrechter Erziehungswettbewerb an. Birk musste jedes Wochenende bei einem anderen Elternteil übernachten. Ihm ging es dabei eigentlich gut, er kassierte doppeltes Taschengeld, und seine Eltern machten nicht ihn, sondern sich gegenseitig für seine schlechten Noten und Ausfälle verantwortlich.

»Die Faulheit hat er von dir!«, behauptete Birks Mutter dem Vater gegenüber.

»Und von dir hat er den schlechten Charakter!«, konterte der Vater.

Das kluge Kind, das spindeldünn, aber fast zwei Meter hoch war, reizte den Erziehungskampf der Elternteile so weit aus wie möglich, ließ sich jedoch von der elterlichen Aufmerksamkeit nicht blenden. Tief im Herzen wusste er, dass seine Eltern ihn nur benutzten, um einander weh zu tun.

Eines Tages kam Birk während seines Vaterwochenendes nicht zu Papa zum Übernachten. Dieser lief daraufhin vor Wut beinahe Amok, er vermutete, Birks Mama hätte ihren Sohn mit irgendwelchen hinterhältigen Tricks aufgehalten. Papa kochte innerlich, wollte aber aus Stolz bei Mama nicht anrufen. Am nächsten Tag rief dafür Mama ihn an, sie wollte wissen, wo Birk geblieben sei und warum er nicht nach Hause komme. Das Kind war weg. Die Eltern gingen sofort zur Polizei und meldeten ihn als vermisst. Die Polizei veröffentlichte zwei Fotos, eins von Papa und eins von Mama. Die Polizei stimmte die Eltern optimistisch und machte ihnen Hoffnung. So ein großer Junge würde schon nicht verloren gehen, meinte der Beamte aufmunternd. Zwei Tage war von Birk jedoch nichts zu sehen und nichts zu hören. Am dritten Tag nach seinem Verschwinden klingelte es bei Papa in der Leitung, und eine tiefe männliche Stimme mit slawischem Akzent sagte, sein Sohn sei entführt worden und wenn seine Eltern nicht dringend 30 000 Euro in kleinen Scheinen in die Tonne für Altkleidersammlung neben dem Aldi-Parkplatz schmeißen würden, werde er umgebracht.

»Wenn Sie zur Polizei gehen, wird Ihr Sohn ebenfalls sofort umgebracht«, fügte die unbekannte Stimme hinzu.

Die Eltern von Birk versprachen dem Entführer, das Geld bis zum kommenden Sonntag zu besorgen, und gingen sofort zur Polizei, wenn auch nicht ohne Bangen.

»Richtig gehandelt!«, sagte der Kommissar. »Gehen Sie nach Hause, entspannen Sie sich, machen Sie sich keine Sorgen, wir übernehmen das.«

Die Eltern haben trotzdem gezittert wie verrückt, der einzige Sohn wird schließlich entführt. Gleich am Sonntagfrüh meldete sich die Polizei, sie habe Birk gerettet, der Junge sei guter Laune und völlig unverletzt.

»Gott sei Dank!«, freute sich der Vater.

»Und haben Sie die Entführer gefasst?«, hakte die Mutter nach.

»Darüber würden wir gerne mit Ihnen am Montag um 10.00 Uhr in meinem Büro unter sechs Augen sprechen«, sagte der Kommissar trocken.

Das Kind kam nach Hause, dünner als je zuvor, aß eine große Portion Nudeln und fiel erschöpft ins Bett. Am nächsten Tag erschienen die Eltern im Polizeibüro. Dem Bericht des Kommissars zufolge hatte ihr Sohn sich offenbar selbst entführt, um mit Hilfe eines Schulfreundes seine Eltern zu erpressen.

»Das ist nicht der erste Fall dieser Art«, erzählte der Kommissar. »Es kommt in unserer Praxis öfter einmal vor, dass Teenager in diesem Alter unter Aufmerksamkeitsdefiziten leiden und sich selbst entführen.« So weit sei alles klar. Der Haken dabei wäre, mit der Selbstentführung habe sich ihr Sohn strafbar im Sinne des Paragraphen sowieso gemacht und könne nun, theoretisch, vor Gericht landen. Weil er aber noch nicht volljährig sei, würde ihm nun erst einmal nur eine Erziehungsmaßregel des Jugendamtes winken. Fünf Wochenenden jeweils drei Stunden.

Die Eltern setzten sich nach diesem Gespräch erst einmal in ein Café. Sie sagten lange Zeit nichts und bestellten auch nichts, immer noch geschockt von der ganzen Geschichte.

»Vielleicht hat er das von mir. Ich habe auch oft Lust, mich zu entführen«, sagte Birks Papa.

»Nach dir wird aber keine Sau suchen«, bemerkte Birks Mama dazu.

Loreley

Ich weiß nicht, was soll es bedeuten – meinem Sohn fehlen angeblich Grundkenntnisse im Fach Deutsch, er habe Probleme im Unterricht, sei unkonzentriert, wirke unausgeschlafen, wir müssten darüber reden.

Mehrmals las ich den Brief, den ich von der Deutschlehrerin meines Sohnes, Frau Freckenbock, bekommen hatte, und verstand nichts. In meiner Vorstellung passten Begriffe wie »Probleme« und »Deutschunterricht« überhaupt nicht zusammen. Und was für Grundkenntnisse, bitte schön, können einem im Deutschunterricht fehlen? Unter Problemfächern stellte ich mir Mathe vor, vielleicht noch Physik und Chemie, letzten Endes Latein, aber doch nicht Deutsch. In meiner Verzweiflung wandte ich mich an Nicole. Sie konnte mich dank ihrer Erfahrungen, die mittlerweile bis hoch in die elfte Klasse reichten, über die Situation in der neunten aufklären. Nicoles Lieblingsfach ist zurzeit Philosophie, also hat sie auf jede Frage eine philoso-

phische Antwort parat. Sie meinte, »Probleme haben«
oder »Problem sein« seien typisch menschliche Eigenschaften, die nicht selten altersabhängig seien, das habe
mit dem Fach »Deutsch« nichts zu tun. Auch sie hatte
in der neunten Klasse Probleme gehabt, sich mit den
Lehrern gestritten und ständig die Relevanz des ange-
botenen Wissens hinterfragt. Jetzt in der elften Klasse
kann sie darüber nur lachen. Sie hat überhaupt keine
Probleme mehr und fragt nicht nach, wieso zum Beispiel die ganze Klasse im Kunstunterricht das gleiche
dämliche Foto eines Künstlers interpretieren muss, der
nur Wasser fotografierte, ob nun Ozean oder Pfütze.
Und warum sie sich auf Spanisch Werbesprüche für ein
Parfüm mit dem Konterfei Che Guevaras drauf ausdenken müssen. Man entwickle mit den Jahren eine
Toleranz dem Schulprogramm gegenüber, klärte mich
meine Tochter auf.

Sie hatte ihre Aufgaben glänzend gelöst und dafür
die besten Noten erhalten. Über den Wasserfotografen
schrieb sie einen vierseitigen Vortrag, wie gut der Mann
sich mit Wasser auszukennen schien, dass er sicher mit
allen Wassern gewaschen sei und dass er wie kein anderer die ungeheure Wichtigkeit eines vernünftigen Um-
gangs mit den Wasserressourcen für die Menschheit
vermitteln könne und dabei noch die unbegrenzte In-
dividualität des Wassers festhalte, denn in jeder Pfütze
könne man die ganze Welt sehen … blablabla. Über das

Parfüm mit dem Che-Guevara-Konterfei schrieb sie, es würde nach Klassenkampf riechen, nach Revolution und der unterdrückten Bevölkerung Boliviens. Ich hielt das für kein Erfolgskonzept, denn wer will schon wie ein unterdrückter Bolivianer riechen, doch Nicole bekam dafür eine Eins. Ihretwegen musste ich mir keine Sorgen machen. Und mit Sebastians Deutschunterricht werden wir auch fertig, dachte ich und verabredete einen Termin mit seiner Lehrerin.

»Falls sie dich fragt, ob wir zu Hause miteinander Russisch reden, sag bitte ja. Das wird in ihren Augen eine gute Ausrede für meine Rechtschreibschwäche sein«, behauptete Sebastian. »Und erzähl auf gar keinen Fall, dass ich keine Bücher lese. Sag ihr, ich lese nur Russisch! Und vergiss nicht, mein Handy aus dem Sekretariat zu befreien.«

Ich versprach alles. Möglicherweise litt Sebastians Rechtschreibung tatsächlich darunter, dass er zu wenig las. Andererseits hatten meine zwei besten Freunde in ihrer Jugend Tag und Nacht dicke sowjetische Fantasy-Romane gelesen und trotzdem von Rechtschreibung keine Ahnung. Vielleicht lasen sie die falschen Bücher? Vielleicht hatten sowjetische Fantasy-Romane gar keine Kommas und Punkte und wurden aus Sparsamkeitsgründen ohne Rechtschreibung gedruckt? Letzten Endes ist die Rebellion gegen die Rechtschreibung auch bloß Teil der jugendlichen Revolte. Warum soll ich

alle Substantive großschreiben, wenn sie auch kleinge-
schrieben verstanden werden? Diese und hundert ähnliche dämliche Einwände müssen wahrscheinlich täglich
im Deutschunterricht beantwortet werden.

Frau Freckenbock hatte nach dem Ende des Unterrichts Zeit für ein Treffen. Auf dem Weg zur Schule wäre
ich beinahe unter die Räder eines Autos gekommen, ich
hatte am Abend davor eine Disko veranstaltet und war
unausgeschlafen und unkonzentriert. Ich hatte ehrlich
gesagt auch ein wenig Angst vor Frau Freckenbock. Sebastian hatte mir erzählt, sie sei eine strenge Person und
habe sein Handy sofort beschlagnahmt, als es plötzlich
im Unterricht mitten in einer Lyrik-Interpretation ge-
klingelt habe. Alle Erklärungen meines Sohnes, es sei
ein Notfall gewesen, hatten nicht gefruchtet. Die Lehrerin meinte, Sebastian habe sein Telefon extra nicht aus-
geschaltet, um sich über den Unterrichtsstoff lustig zu
machen. In Wirklichkeit war es der Vater von Tung gewesen, der angerufen hatte. Er hatte sich Sorgen um
seinen Sohn gemacht, dem plötzlich vor der Deutsch-
stunde schlecht geworden war. Tung war nach Hause
gegangen, dort aber noch nicht angekommen.

»Guten Tag, Herr Kaminer«, sagte Frau Freckenbock. »Dem Telefon Ihres Sohnes geht es gut, es liegt
im Sekretariat. Sie können es nach unserem Gespräch
abholen. Die Poesie duldet eben keine Klingeltöne«,
sagte die Lehrerin streng.

Dieses Telefontheater, hatte zuvor Sebastian gemeint, sei der wahre Grund, warum die Lehrerin auf ihn sauer wäre. Von wegen Deutsch-Grundkenntnisse!

»Wir sind mit dem Stoff ein wenig durcheinandergekommen«, gab er zu. Jeder Schüler hatte über einen bestimmten Literaturbereich berichten sollen. Die Themen waren in einer Art Lotterie verlost worden. Borwin hatte »Sturm und Drang« bekommen, den er anhand von Goethes »Prometheus« erklären musste, Tung hätte die DDR-Literatur analysieren sollen mit Volker Brauns Gedicht »Karl Marx«. Sebastian hatte ein Los mit deutscher Romantik gezogen – die »Loreley« von Heinrich Heine.

»Da hattest du aber Glück, Junge! Ein schönes Gedicht!«, warf ich ein.

Bei der Loreley musste ich an meinen Freund und Kollegen, den Deutschkoreaner Martin, denken. Martin arbeitete vorübergehend in einem Callcenter in der Beschwerdeabteilung. Er musste am Telefon Menschen beschwichtigen, die unzufrieden und aufgeregt waren. Um seinen koreanischen Nachnamen nicht preiszugeben, hatte er sich einen Künstlernamen zugelegt: Er stellte sich als Heinrich Heine vor. Martin meinte, die Menschen würden am Telefon weniger wüten, wenn er sich ihnen auf diese Weise bekannt machte. In Martins Callcenter arbeiteten fast nur Kinder von Migranten, die sogenannten Ausländer der zweiten Generation.

Deutsch war ihre Muttersprache, ihre Namen hörten sich jedoch oft ausländisch an. Fast alle Kollegen von Martin hatten sich urdeutsche Arbeitsnamen zugelegt, denn nach jedem Kundengespräch wurden sie von den Kunden bewertet, und die kannten keine Gnade – Ausländer bewerteten sie immer schlechter, als wären sie an ihren ganzen Problemen schuld. Heinrich Heine dagegen bekam immer die beste Bewertung. Ihm kauften sie jede Versicherung, jeden Telefonvertrag ab, wahrscheinlich weil sie sich der deutschen Romantik noch immer irgendwie verpflichtet fühlten.

»Ich habe leider nur ganz wenig Zeit, um mit Ihnen zu reden«, sagte Frau Freckenbock. »Und Sebastian hat noch weniger Zeit, um sich im Deutschunterricht zu verbessern. Wenn es so weitergeht, wird Ihr Sohn womöglich die Versetzung leider nicht mehr schaffen. Sein Heft sieht aus wie ein Schweinestall. Seine Vorstellungen von deutscher Grammatik sind sehr weit von der Realität entfernt, und er wird ständig im Unterricht angerufen. Das darf nicht passieren, das sollten Sie als Schriftsteller doch verstehen. Wenn bei Ihnen mitten in einer Lesung Telefone klingeln würden, wären Sie auch nicht froh.«

»Natürlich nicht! Aber der Junge gibt sich Mühe. Die Lernbereitschaft ist bei Sebastian absolut vorhanden«, murmelte ich, »wahrscheinlich brauchen wir nur ein wenig Nachhilfe...«

»Die Lernbereitschaft ist eine Ausrede, er hat in Wirklichkeit gar kein Interesse am Unterricht. Er interessiert sich nicht für Literatur!« Frau Freckenbock bekam große Augen. »Demnächst muss er über die deutsche Romantik anhand der ›Loreley‹ berichten, ich bin gespannt, ob er das schafft. Viele Schüler haben großes Interesse an Lyrik, viele berühmte Dichter und Denker haben unsere Schule besucht«, fuhr sie fort. »Nina Hagen persönlich hat hier gelernt!«

Bei Nina Hagen nickte ich, denn Nina Hagen war auch bei uns in der Sowjetunion bekannt. Sie hatte sogar die Ehre, auf der Verbotsliste für ausländische Musiker zu stehen, und sorgte dadurch stets für großes Publikumsinteresse. Ich wäre beinahe von der Schule geflogen, nachdem ich auf einer Schuldisko einen Song der verbotenen Nina Hagen aufgelegt hatte. Wie war wohl Nina im Deutschunterricht, wollte ich Frau Freckenbock fragen. Hatte sie gute oder schlechte Noten? Und konnte Nina Hagen die »Loreley« auswendig?

»Wir wollen Sebastian unbedingt in der Klasse behalten, also strengen Sie sich bitte an«, meinte Frau Freckenbock.

Ich versprach eine baldige Besserung der Lage und eilte zum Sekretariat. Dort tobte Sebastians Telefon. Sogar eingesperrt in einer Tischschublade konnte man sein Klingeln beinahe auf der ganzen Etage hören. Bevor ich nach Hause ging, besuchte ich noch kurz die

Schülertoilette im zweiten Stock. Es ist keine leichte Aufgabe, die Jungs für die deutsche Romantik zu begeistern, besonders für die »Loreley«, wo alles funkelt und dunkelt, überlegte ich. Auf der Schülertoilette stank es bestialisch, die Wände waren mit Kapitalismuskritik und hausgemachter Schülerpoesie dekoriert: »Drei Dinge, die ich hasse«, »Capitalism is dead« und »Es lebe die Revolution«. Ein Pfeil zeigte aufs Klo, daneben ein Zitat, möglicherweise in Anlehnung an die Loreley: »Was soll das?« stand da. Auf der Innenseite der Kabinentür fand ich sogar ein ganzes Gedicht, ein prachtvolles Exemplar Toilettenlyrik, das ich, vorausgesetzt, ich wäre Lehrer, sofort als moderne Fortsetzung des Loreley-Gedichts ins Schulprogramm aufgenommen hätte:

»Schneewittchen hat ein Po und die Titten sowieso, sie hat immer geilen Sex mit den Zwergen 1 bis 6. Nur den 7. schwulen Zwerg nagelt Hänsel hinterm Berg.«

Vielleicht hat das Nina Hagen vor hundert Jahren hier hingeschrieben?, dachte ich.

»Oh, du dicke Loreley, was für eine Sauerei, halte durch, noch zwei, drei Jahre und die Schule ist vorbei«, dichtete ich weiter auf dem Nachhauseweg.

Wir haben nichts bemerkt

Jedes Jahr kommt Weihnachten ein paar Tage früher. Die Adventskalender werden bereits im Sommer verkauft, die Tannenbäume in den Geschäften im September geschmückt, die Lichterketten aufgehängt, und Weihnachtsmärkte werden aufgebaut, noch bevor der erste Schnee gefallen ist. Die Attraktionen werden jedes Jahr bombastischer und größer. So ragte plötzlich eine riesige Krake neben dem Alexanderplatz in den Himmel, rechts von ihr eine Rakete, links ein Horrorlabyrinth – die beliebtesten Vergnügungen der Jugend. Während der weise Frührentner sich auf diesem Fest bewusst für lebensbejahende, kuschelige Attraktionen entschied, für Glühwein und Bratwurst, begaben sich die Halberwachsenen in die Tentakel der Krake. Die Jugend wurde dort heftig in die Zange genommen, hochgeworfen und zu Boden geschleudert, geschüttelt und gedreht. Von diesem Bild allein wurde jeder Wurst schlecht. Die Krake war ab achtzehn, die Rakete ab sechzehn, das Horrorlabyrinth ab zwölf Jahren erlaubt.

Ich weiß nicht nur vom Hörensagen, wie wichtig es für Menschen in diesem Alter ist, ihr Erwachsensein zu beweisen. Ein Bekannter von mir hat früher im Horrorlabyrinth als Gespenst auf Honorarbasis gearbeitet und kam regelmäßig mit schweren Schäden von der Arbeit nach Hause. Einmal erzählte er, manche Zwölfjährige gingen nur ins Horrorlabyrinth, um das Gespenst zu ärgern, ihm auf den Kopf zu hauen und damit ihren älteren Freunden gegenüber Mut zu beweisen. Mein Freund das Gespenst wurde außerdem regelmäßig von Jugendlichen mit Steinen beworfen.

Meine Tochter ging nicht ins Horrorlabyrinth, dafür fühlte sie sich mit sechzehn Jahren zu alt. Sie zog die Krake vor. Ich machte mir Sorgen um sie. Im Jahr zuvor war in der Zeitung gestanden, ein Giftmischer hätte den Mädchen auf dem Weihnachtsmarkt aus einer Flasche zu trinken gegeben, woraufhin die Mädchen dem Giftmischer bewusstlos in die Tentakel gefallen wären. Aber auch solche Fahrgeschäfte konnten Mädchen bewusstlos machen, glaubte ich. Nachdem sie ein paar Runden in der Krake gedreht hatten, könnten sie leicht ein Opfer hinterhältiger Menschen werden.

»Trink nicht aus fremden Flaschen! Setz dich nicht in die Krake! Fahr nicht mit der Rakete!«, versuchte ich jedes Mal meine Tochter mit gut gemeinten Ratschlägen zu schützen. Die blieben jedoch allesamt auf der Strecke.

»Bedenke!«, konterte die Tochter. »Als du in meinem Alter warst, wärst du da nicht gerne Krake gefahren?«

Der Vergleich taugte nichts. Die Attraktionen meiner Jugend waren das pure Gegenteil der heutigen. Die Krake sah zwar schrecklich aus, war aber in Wirklichkeit ein Wunder der Technik, bis ins kleinste Detail abgesichert. Unsere Attraktionen machten auf Außenstehende dagegen einen harmlosen Eindruck, dabei waren sie Folterwerkzeuge, gebaut im Auftrag des Teufels. Für den Rest meines Lebens werde ich nicht vergessen, wie ich, damals neunjährig, im Park für Kultur und Erholung meiner Heimatstadt Moskau mit meiner Mama spazieren ging und mit der Attraktion »Das Bötchen« traktiert wurde. »Das Bötchen« war eine große Schaukel in Form einer Gondel für zwei Personen, die von einem Elektromotor gedreht und zum Schaukeln gebracht wurde. Ich ging mit meiner Mutter an der scheinbar leeren Attraktion vorbei. Nur ein kleines Mädchen mit traurigen Augen saß in einer der Gondeln. Die Mutter des Mädchens stand neben dem Bötchen und hielt nach jemandem Ausschau, der bereit wäre, mit ihrer Tochter eine Runde zu schaukeln.

»Junger Mann!«, sprach sie mich an. »Hätten Sie nicht Lust, mit meiner Natascha eine Runde Bötchen zu fahren? Ich habe das Ticket schon bezahlt.«

Ich hatte eigentlich überhaupt keine Lust und blickte hoch zu meiner Mutter in der Hoffnung, sie würde es verbieten. Doch sie nickte nur zustimmend. Mit einem komischen Gefühl im Magen krabbelte ich in das Bötchen. Die fremde Mutter rief in die Dunkelheit: »Davaj!« Jemand Unsichtbares drückte auf einen Knopf, und die Gondel schoss zum Himmel. Ich setzte mich, stand auf und setzte mich wieder. Egal welche Position ich einnahm, es wurde nicht besser. Das Mädchen versuchte mit Ganzkörpereinsatz die Kraft des Elektromotors noch zu verstärken, dabei lächelte es und schaute mir direkt in die Seele – mit einem Blick, als wäre sie einem Horrorfilm entsprungen, vom Teufel besessen.

Mir wurde klar, dass ich in eine Falle gelockt worden war. Das Killer-Mädchen benutzte seine Mutter als Köder, um immer neue Jungs für ihren teuflischen Spaß ins Bötchen zu holen. Meine Beine waren wie aus Knete, Bäume, Häuser, Busse und Mütter wogten um mich herum. Fieberhaft versuchte ich auszurechnen, in welche Richtung ich fliegen würde, wenn ich die Seile des Bötchens losließ. Irgendwo im Busch hinter dem Kassenhäuschen würde ich landen, wo vermutlich schon die verstümmelten Körper der anderen Jungs lagen, die vor mir mit der Teufels-Natascha gefahren waren. Mit der ganzen Kraft meines schon damals beachtlich entwickelten Intellekts verbot ich mir, in die Hosen zu machen. Das Mädchen lachte höllisch.

Nach fünf Minuten, die mir wie eine Ewigkeit vorkamen, war der Spaß vorbei. Auf allen vieren kroch ich aus dem Bötchen und wackelte hinter das Kassenhäuschen.

»Ihr seid wie zwei süße Engel geflogen«, bemerkte meine Mutter, woraufhin ich mich sofort übergab.

Gerade vor Kurzem fühlte ich mich wieder an diesen Vorfall erinnert, als ich mit meiner Frau in einer russischen Provinzstadt im Kaukasus durch den sogenannten Kulturpark spazieren ging. Dort standen auch viele Attraktionen aus der Sowjetzeit. Sie sahen alt und verlassen aus, als hätte man sie zwanzig Jahre lang nicht benutzt. An einem Weg hinter einem verrosteten Teufelsrad entdeckte meine Frau eine alte Attraktion aus ihrer Kindheit: »Das Kettchen! Schau, das Kettchen!«, rief sie. »Das möchte ich unbedingt ausprobieren!« »Das Kettchen« war eine sich drehende Plattform mit kleinen Stühlchen, die an langen Eisenketten befestigt waren, wie fliegende Schaukeln quasi. Ab drei zahlenden Passagieren war der schnurrbärtige Karussellbetreiber bereit, seine Attraktion anzuschmeißen. Für weniger würde es sich nicht lohnen, wegen der gestiegenen Stromkosten, erklärte er uns. Zwei Halbbetrunkene warteten bereits im Gebüsch, meine Frau war der dritte Passagier. Ich blieb vernünftig und auf dem Boden zurück.

»Alle bereit? Dann geht's los!«, sagte der Schnurrbärtige und bekreuzigte sich seltsamerweise, bevor er auf den Knopf drückte. Es kam ein seltsames Pfeifen aus dem Inneren des Geräts, und im gleichen Augenblick richteten sich alle Kettchen in einem kerzengeraden Neunzig-Grad-Winkel zur Drehsäule aus. Ich wusste nicht, was für einen Motor sie in dieses alte Ding eingebaut hatten, jedenfalls wurde meine Frau zu einem Meteoriten, der mit Hochgeschwindigkeit über meinen Kopf raste. Bei jeder Runde schrie Olga vom Himmel: »Sag! Dem! Arsch! Er! Soll! So! Fort! An! Hal! Ten!«

Ich fragte den Schnurrbart höflich, ob er freundlicherweise schon jetzt das Kettchen zum Stehen bringen könnte.

»Das hat keinen Sinn, das wird in zwei Minuten automatisch passieren«, meinte er.

Meine Frau hatte sich gut gehalten. Richtig schlecht wurde ihr erst später, als sie das Teufelsrad aus der Nähe sah, das sich wie ein Ventilator drehte. Trotz der Geschwindigkeit waren fast alle Kabinen des Ventilators voll. Die Menschen bewegten sich hier schon immer gerne im Kreis. Unsere Welt glich diesem Ventilator mit Sitzmöglichkeiten, einer Attraktion, die nach außen fein und niedlich aussah, die darin sitzenden Menschen aber stets zum Kotzen brachte. Wir haben geschrien, doch die Welt draußen konnte uns nicht hören. Oder sie dachte, wir würden aus Spaß schreien.

Die Welt meiner Kinder hingegen ist eine Krake. Die

Außenstehenden ekeln sich und schütteln den Kopf. Sie sehen, dass mit den Passagieren in der Krake irgendetwas nicht stimmt. Es stimmt genau genommen gar nichts mit denen in der Krake. Die Krakenbetreiber sitzen leise und konzentriert auf der Bank und warten geduldig, bis die Fahrt zu Ende ist und sich die Sicherheitsgurte von allein lösen. Die Außenstehenden atmen erleichtert aus, die Krakenpassagiere wundern sich. War das etwa alles?, fragen sie sich. Oder kommt noch was? Wir haben nichts bemerkt!

Mitläufer der Zeit

Unsere Nichte, das Baby Sonja, hatte Geburtstag. Zum ersten Mal erreichte es ein Alter im zweistelligen Bereich. Wir wollten es nicht glauben, dass unsere kleine Sonja, die gerade eben noch unter dem Tisch gekrabbelt war wie eine Katze, nun bereits selbst einkaufen ging. Wir bewunderten Sonja und wollten für sie ein paar schöne Geschenke finden, obwohl ich nicht genau wusste, was einem zehnjährigen Mädchen von heute Freude machen könnte.

Anstatt über die passenden Geschenke nachzudenken, philosophierte ich jedoch über den Lauf der Zeit. Die läuft neuerdings nämlich wie verrückt. Unwahrscheinlich, dass sie auch früher schon so sportlich war. Ich glaube, bevor der erste Mensch auf die Welt kam, stand sie sogar komplett still. Die Zeit war bloß ein Punkt, der sich nicht bewegte. Mond und Sonne leuchteten friedlich nebeneinander am Himmel, die Wolken hingen an für sie speziell ausgewiesenen Stellen, und alle Bäume waren ewig grün. Erst die Menschen haben die Zeit zum Laufen gebracht. Anfangs drehte sie sich im Kreis, und die Menschen drehten sich mit, von Ernte zu Ernte, von Winter zum Herbst. Sie lebten zyklisch. In regelmäßigen Abständen beteten sie jeweils einen anderen Gott an, den sie in diesem Kreislauf gerade für zuständig hielten. Erst die Christen unterbrachen den Kreis und zogen die Zeit zu einer Linie aus, die mit Jesu Geburt begann und mit seiner Wiederkehr enden sollte. Die Atheisten verkürzten diese Strecke drastisch, ihre Zeit begann mit ihrer eigenen Geburt und endete mit ihrem Tod. Das Davor und vor allem das Danach hatte mit ihrem Leben nichts zu tun, dachten sie.

Die Abenteuer des atheistischen Bewusstseins gehen aber weiter, die Zeit wird immer kleiner und schneller. Die Menschen der Gegenwart sind rund um die Uhr damit beschäftigt, auf jeden Quatsch zu reagieren. Alle fünf Minuten bekommen sie irgendwelche »Nachrichten« bzw. »Informationen«, oder sie prüfen ihre »Post«. Sie glauben am Weltgeschehen teilzunehmen, haben große Pläne, aber überhaupt keine Zeit. Sie haben jeden Respekt vor der Zeit verloren und benehmen sich so, als wäre die Zeit ihre kleine Nichte, die wie eine Katze unterm Tisch krabbelt und mit der man alle möglichen Späße veranstalten kann.

Die Menschen vergeuden ihre Zeit, oder sie teilen

sie mit anderen, als wäre sie ein Kuchen. Manchmal bringen sie die Zeit sogar um, besonders die Pubertierenden. Wenn sie gerade dabei sind, ihre Kindheit zu beenden, versuchen sie die Vergangenheit so schnell wie möglich zu beseitigen, um keine Zeugen zu hinterlassen. Wo sind eigentlich die achtzehn Barbies meiner Tochter? Wären sie für Sonja nicht ein supertolles Geschenk?, überlegte ich. Meine Tochter saß mit ihren zwei Freundinnen in der Küche und »chillte«.

»Kannst du mir sagen, Liebling, wo deine achtzehn Barbies geblieben sind?«, fragte ich meine Tochter diskret. Sie schaute mich an, als wäre ich vom Mond gefallen.

»Erst einmal waren es niemals achtzehn, Papa, sondern nur zwölf. Du übertreibst wie immer gewaltig. Zweitens sind die Puppen zwar da, in einem großen Sack im Keller, wo ›Kinderscheiß‹ draufsteht, man darf sie aber nicht mehr als Spielzeug einsetzen. Sie sind nämlich kaputt. Das ist allgemein bekannt, Papa, dass Puppen kaputtgehen müssen, damit die Kinder erwachsen werden. Deswegen darf man nie altes Spielzeug an neue Kinder verschenken«, klärte mich Nicole auf.

Ihre Freundin Johanna bestätigte mir sogleich diese an sich gewagte These. Sie hatte als Kind ihre Babyborn-Puppe sehr geliebt. Diese Puppe konnte wie ein echter Mensch auf die Toilette gehen, vorausgesetzt, man hatte sie zuvor gefüttert. Johanna hatte also an ihre Baby-born-Puppe gleich am ersten Tag sämtliche Puppen-Vorräte verfüttert. Die Baby-born-Puppe zog daraufhin vom Kinderzimmer ins Badezimmer um. Den Eltern hat das überhaupt nicht gefallen. Zum einen war die Toilette ständig besetzt, zum anderen mussten sie laufend das spezielle Baby-born-Futter für teures Geld nachkaufen. Die Eltern von Johanna wollten dieses Spiel irgendwann nicht mehr länger mittragen. Daraufhin fing Johanna an, ihre Lieblingspuppe mit dem eigenen Frühstück zu füttern, später nahm sie die Lebensmittel einfach aus dem Kühlschrank. In ihrer Vorstellung hatte Baby born ständig Hunger. Was dazu führte, dass Baby born Verstopfung bekam und von innen zu schimmeln begann. Schließlich brachte Johanna die Puppe in den Keller und wurde erwachsen.

Bei Nicoles Lieblingsbarbie konnte man die Haarfarbe ändern. Wenn man sie ins Wasser legte, würde die blonde Barbie brünett, so lautete das Werbeversprechen. Nicole versuchte es mehrmals, ihre Barbie wurde aber nicht brünett, sondern graugelb. Entweder hatte sie die Puppe zu lange ins Wasser gelegt oder zu kurz. Nicole bemühte sich, ihren Fehler wiedergutzumachen: Sie tunkte ihre Barbie in kochendes Wasser, in Milch und dann sogar in Coca-Cola. Nichts half. Die Barbiepuppe änderte zwar ihre Farbe, aber nicht in die von

Nicole gewünschte Richtung. Am Ende der Verzweiflung nahe schnitt Nicole ihrer Barbie die Haare ab, brachte sie in den Keller und wurde erwachsen.

Ähnliches ist ihrer Freundin Lea mit ihrem Teddybär passiert. Der Bär verfügte über wunderbare menschliche Eigenschaften, er konnte sprechen. Wenn man ihn aufrecht setzte, sagte er, »Hallo, ich bin der Bär«. Wenn man ihn auf den Rücken legte, sagte er, »Ich hab dich lieb«, und wenn man ihn fallen ließ, sagte er, »Dummkopf«. Mit diesem kommunikativen Spielzeug konnte man sich tagelang unterhalten, bloß ging mit Leas Bär etwas schief: Er fiel einmal unglücklich vom Schrank und sagte von da an nur noch »Dummkopf«, ganz egal, wie man ihn setzte oder legte. Lea versuchte alles Mögliche, um den Bären umzustimmen. Sie verheiratete ihn sogar mit einer Plüschziege, aber nichts half. Am Ende warf sie den Bären zurück auf den Schrank, das Tier verstummte, und Lea wurde erwachsen.

»Mit altem Spielzeug kannst du niemanden glücklich machen«, meinte Nicole, »man kann es nicht weiterverschenken, so wie man seine Kindheit nicht verschenken kann. Ihre Zeit ist abgelaufen, sie ist fortgegangen, für immer, und keiner weint ihr eine Träne nach. Nur kahlrasierte Barbies und verschimmelte Baby-borns schauen ihr aus den Kellern traurig hinterher.«

»Und was schenken wir nun Sonja zum Geburtstag?«, hakte ich nach.

»Wir schenken ihr das, was sich Kinder in ihrem Alter besonders wünschen. Zum Beispiel das neue iPad mit USB-Anschluss«, sagte Nicole pragmatisch und lenkte mich damit von weiterem Philosophieren ab.

Der Aufsatz zum Thema Freiheit

Mein Sohn kam schlecht gelaunt aus der Schule, er sollte zu Hause einen Aufsatz zum Thema »Freiheit« schreiben.

»Ein furchtbares Thema«, beschwerte er sich. »Mir fällt dazu nichts ein.«

Ich war verblüfft und fühlte mich an meine Jugend erinnert. Auch wir mussten uns in der achten Klasse mit einem Aufsatz über Freiheit foltern lassen. Ich habe diese Aufgabe damals im Zusammenhang mit dem Konzept totalitärer Erziehung begriffen, das aus lauter Widersprüchen bestand: Den Krieg nannte man Friedensmission, die Sackgasse hieß Übergangsperiode, und die Sklaven schrieben Aufsätze über Freiheit. Anscheinend hatte sich nichts verändert. Ob im Totalitarismus oder in der Demokratie, die Schüler wurden gezwungen, Aufsätze über die brennendsten Fragen des Lebens zu schreiben.

Es ist noch dazu besonders zynisch, dass ausgerechnet Schüler, also die am meisten durch Anordnungen, Verbote und Hürden versklavten Gesellschaftsmitglieder, über Freiheit nachdenken dürfen. Es ist eine Frechheit, diese Minderjährigen mit solchen Fragen zu belästigen. Woher soll Sebastian wissen, was Freiheit ist? Ein Junge, dessen Leben nur aus Zwängen besteht, der gegen seinen Willen dazu gebracht wird, jeden Tag um halb sieben aufzustehen, ganz egal, ob er seinen Albtraum zu Ende erlitten hat oder nicht, sich schnell anzuziehen, Zähne zu putzen, durch die kalte, nasse Stadt zu laufen, um sich dann acht Stunden lang Auslassungen von geistig labilen und gestörten Personen anzuhören, die sich Lehrer nennen, und dann abends nicht einmal zur Entspannung ins Kino gehen zu dürfen, weil der Film erst ab sechzehn Jahren gesehen werden darf, er aber erst 15,5 Jahre alt ist. Aus dem gleichen Grund darf er seine Lieblingsmusik nicht hören, er darf nichts allein entscheiden, und jeder Halberwachsene erzählt ihm, was er zu tun hat. Dieser geschundene Mensch soll einen Aufsatz über die Freiheit in der modernen Welt schreiben, in einer Welt, in der, wenn überhaupt, nur Rentner wissen können, was Freiheit ist. Die aber schweigen und müssen keine Aufsätze mehr schreiben.

In meiner Heimat ahnen die Leute erst jetzt, ein Vierteljahrhundert nach dem Fall der sozialistischen Diktatur, was Freiheit sein könnte. Gerade haben Soziologen im Auftrag des Kreml eine Untersuchung zu dem Thema durchgeführt: Ihre Aufgabe war es herauszufinden, was die Menschen in Russland wirklich wollen. Fehlen ihnen Menschenrechte? Und wenn ja, welche? Haben sie Angst vor dem Chaos? Wie wichtig ist ihnen Stabilität? Fehlt ihnen die Entscheidungsfreiheit, brauchen sie vielleicht neue Ideale? Vermissen sie die alten Werte? Oder anerkennen sie Freiheit einsichtig als Notwendigkeit, wie es die marxistische Lehre einst von Hegel übernahm?

Der Einfachheit halber und um den Menschen nicht zu sehr auf den Geist zu gehen, haben die Soziologen alles, was sie wissen wollten, in zwei Fragen gepackt. Die erste lautete: Wann fühlen Sie sich frei? Die Ergebnisse waren unspektakulär, beinahe enttäuschend. Die meisten Befragten fühlten sich frei, wenn sie in Ruhe gelassen wurden: im Urlaub, am Wochenende und in der Rente eben. Die verheirateten Männer gaben an, sie würden sich frei fühlen, wenn die Ehefrau mit den Kindern zur Schwiegermutter aufs Land fuhr, die Schüler gaben an, sie würden sich frei fühlen, wenn die Eltern ausgingen oder die Schule wegen kältefrei geschlossen wäre. Alle anderen Erkenntnisse aus dieser Umfrage waren nur kleine Details, die nicht viel Neues brachten: In der Natur fühlten sich die Menschen beispielsweise freier als in der Stadt, abends freier als morgens und in einer eigenen Wohnung freier als in einer gemieteten. Bei den Rentnern hing das Ausmaß ihrer Freiheit stark von der Höhe der Rente ab. Je höher die Rente, umso freier der Rentner, lautete die schlichte Erkenntnis, die aus dieser Untersuchung hervorging.

Mein Sohn schaute im Internet nach, was andere über Freiheit schrieben. Im Netz wimmelte es so von Freiheitsaufsätzen, als hätte die ganze Welt nichts Besseres zu tun, als sich über dieses Thema Gedanken zu machen.

»Schreib nicht ab«, riet ich ihm. »Nutz deine Freiheit, dir eine eigene Meinung zu bilden!«

»Ich denke, die Menschen sind einfach zu doof, um frei zu sein«, sagte mein Sohn. »Das ganze Leben ist doch eine Kette von Zufällen und Abhängigkeiten. Und jeder Lebenslauf ist Freiheitsberaubung pur. Vielleicht werden die Menschen irgendwann in der Zukunft eine Pille erfinden, die sie schlau und frei macht, von allen Pflichten befreit, aber dann werden sie zu Sklaven dieser Pille. Kaum ist sie verbraucht, verblöden sie aufs Neue«, philosophierte Sebastian weiter.

»Ich glaube, die eigentliche Freiheit ist es, mit den großen Fragen des Lebens in Frieden zu leben, ohne sie ständig beantworten zu müssen«, sagte ich.

Wer jung ist, dem brennen all die wichtigen Fragen des Lebens auf den Nägeln. Die Fragen nach dem Sinn und nach der Wahrheit und wie ein richtiges Leben sich vom falschen unterscheidet, sie müssen dringend sofort gelöst werden. Es scheint unmöglich, mit ungelösten Fragen zu leben. Doch Jahre vergehen, und nichts ist geklärt, nicht einmal die Rente. Auf die verdammten Fragen haben wir noch immer keine Antworten, uns geht es trotzdem gut. Man lernt mit ungelösten Fragen zu leben und zu sterben. Die Menschen gehen, die Fragen bleiben, *so what*? Deswegen sind Rentner die freiesten Menschen der Welt. Sie können tun, was sie wollen, und vor allem: Sie müssen keine Aufsätze mehr darüber schreiben, was Freiheit ist.

PS: Die zweite Frage, die von den russischen Soziologen an das Volk gestellt worden war, lautete: Glauben Sie, Ihr Schicksal durch Ihr eigenes Wirken beeinflussen zu können? 86% antworteten mit nein. Russen sind hoffnungslose Fatalisten.

Das Wunderkind

In meiner Heimat wurden die exakten Wissenschaften verschmäht. Staatskunde war wichtiger als Mathematik. Wir steuerten auf den perfekten Kommunismus zu, wo jeder nach seinen Möglichkeiten und alle nach ihren Wünschen leben würden, und da gäbe es nichts zu rechnen. Der Staat würde sich im Kommunismus auflösen, bis dahin aber mussten wir den Machthabern gehorchen, denn nur sie wussten eine Abkürzung, die uns schnell in diese grandiose Zukunft führen würde.

Die Russen schlugen also ihren eigenen Weg bei der Entwicklung des Landes ein, sie hatten andere Ideale und andere Vorstellungen von Gut und Böse als die Nachbarn. Während die Amerikaner immer kleinere Computer erfanden und die Deutschen immer sicherere Autos bauten, sind meine Landsleute ins All geflogen, haben gesungen und getanzt. Heute starren sie auf amerikanische Computer und fahren deutsche Autos, können aber alle laut singen. Die Wunderkinder in meiner Schule waren diejenigen, die gut rechnen konnten, während die anderen sangen. In Deutschland sind Wunderkinder solche, die alles infrage stellen. Ich kenne nur ein Wunderkind, den Freund meines Sohnes. Ein Gespräch mit ihm ist für mich immer eine Herausforderung, spätestens nach zehn Minuten fange ich an zu schwitzen.

Neulich hatte Sebastians Klasse einen Wandertag, wo die Schüler den Hamburger Bahnhof besuchten, ein Museum für moderne Kunst. Der ganze Ausflug firmierte unter dem Motto »Ist das Kunst oder kann das weg?«. Die moderne Kunst hat das Herz des Wunderkindes kaltgelassen. Nachmittags trank es Tee bei uns in der Küche und erzählte, was mit der Kunst in Deutschland aus seiner Sicht schiefgelaufen sei. Die neue Kunst erfüllte nach Meinung des Wunderkindes eine wichtige Aufgabe, sie öffnete den Menschen eine neue Sicht auf Althergebrachtes und Bekanntes. Sie durchbrach die Schranken der menschlichen Trägheit!, schwadronierte der vierzehnjährige Klugscheißer bei uns in der Küche. Van Gogh sei dieses Kunststück gelungen und dem Russen Malewitsch. Doch die Deutschen hätten hier versagt, und die Schuld daran gab das Wunderkind Joseph Beuys. Ihm wäre es bei seinen Installationen nur um den eigenen Ehrgeiz gegangen, er habe sich die ganze Geschichte seines Abschusses hinter der Frontlinie auf der Krim und seiner wunderbaren Rettung bestimmt nur ausgedacht, um sich bei seinen Landsleuten interessant zu machen. Er war im Krieg vielleicht gar nicht geflogen, und wenn, dann war er nicht abgeschossen worden, sondern hatte notlanden müssen. Und ganz sicher hatten ihn die Tataren nicht mit Filz und Fett wieder auf die Beine gestellt. Es, das Wunderkind, vertraue Beuys nicht. Der Einzige unter den modernen deutschen Künstlern, der sein Vertrauen habe, sei Anselm Kiefer, und selbst der nur mit seinen Installationen, wo er die Gutmenschen auslachte, die immer das Gute wollten und das Böse taten wie die Amerikaner heute.

Ich rieb mir die Nase und versuchte Beuys zu verteidigen: Mindestens seine politischen Ansichten seien doch ehrlich gewesen. Dabei nannte ich das Kind immer wieder beim Namen, um mir selbst klarzumachen, dass ich mit einem Neuntklässler redete. Davor hatten wir mit ihm schon über Geschichte, Literatur und Philosophie diskutiert, das Wunderkind weiß nämlich über jedes Thema Bescheid und hat zu jedem Scheiß eine eigene, gut begründete Meinung. Es sagt niemals, was die anderen sagen, sondern widerspricht gern. Mal aus Trotz, mal aus Not. Es wird von der Hälfte aller Lehrer gehasst und von der anderen Hälfte geliebt. Aber alle können es kaum erwarten, dass das Wunderkind endlich von der Schule abgeht. Sie haben ihm mehrmals angeboten, gleich zum Abitur vorzurücken, es fühlte sich aber eigentlich in der Neunten ganz wohl.

Mit Sorge schaue ich in die Zukunft des Wunderkindes. Was ist es, wenn die Kindheit vorbei ist? Wird es wie alle sein? Wird es die Wundertüte seiner Meinungen behalten können?

Russen, Indianer, Afrikaner und wir

Die Winterferien sind die größte Herausforderung für die ganze Familie. Sie sind viel zu kurz, um wegzufahren, jedoch lang genug, um den gewöhnlichen Tagesablauf der Heranwachsenden durcheinanderzubringen. Alle sitzen zu Hause in der Küche und einander auf den Köpfen. Die Kinder benehmen sich wie Vampire. Tagsüber schlafen sie, am späten Abend werden sie wach und pendeln zwischen Facebook, Fernseher, Musikanlage und dem Küchenschrank mit der Chips-Kollektion 2014. Nur wenn Sebastians Freund, das Wunderkind, vorbeikommt, ziehen sich Frauen und Katzen aus unserer Küche zurück, die sich in einen Plenarsaal der UNO verwandelt.

Das Wunderkind und ich diskutieren heftig. Es will die Welt retten, ich aber bestehe darauf, die Welt in Ruhe zu lassen. Weltrettung ist nichts für Frauen und Katzen, sie ist reine Männersache, also gehört uns die Küche für eine Weile allein. Das Wunderkind polemisiert laut, mit der gut geölten Stimme eines geborenen Klassensprechers, ich leiste Widerstand, Sebastian spielt den Schiedsrichter und kocht Weltrettungsspaghetti für alle.

»Die Politik hat überall auf der Welt versagt, die Menschen sollten ihre politischen Führer endlich zum Teufel jagen und die Sache ihrer Rettung selbst in die Hand nehmen!«, behauptet das Wunderkind. Er selbst sei kein Linker und kein Rechter. Auch die Grünen könne er nicht leiden. Er ist der Meinung, die Menschen im Westen seien mit einem künstlich erzeugten Schuldgefühl infiziert, das sie in ihren Handlungen einschränkt, sie von Politikern abhängig und manipulierbar macht. Überhaupt hält das Wunderkind Schuldgefühle für die Quelle allen Übels. Auf diesem Gefühl sei die Ökonomie des Westens aufgebaut, seine Religion, seine Moral, es diene gar als Grundlage für zwischenmenschliche Beziehungen. Schuld sei aber ein zerstörerisches Gefühl, Schuld bringe Menschen auseinander, mache sie unglücklich und vor allem aggressiv. Die Schuld, die bezahlt werden musste, zwang die Menschen, Kolonialkriege zu führen. Nicht zufällig waren alle Kolonisatoren hoch verschuldete Leute – sie ermordeten und versklavten Afrikaner und Indianer, um ihre Schulden zu begleichen. Afrikaner und Indianer hatten zwar auch Währungen – junge Männer mussten zum Beispiel einen Brautpreis zahlen –, doch diese Währungen bestanden zum Beispiel aus schönen Muscheln, die es an jedem

Ufer gab. Ihre Zahlungen waren der Ausdruck des Respekts vor der Braut, nicht der Schuld vor deren Eltern. Der chronisch verschuldete Westen habe die Sklaverei erfunden, er habe den Menschen zu einer Ware herabgestuft, behauptete das Wunderkind.

Es kam noch dicker: Die Geldleiher des Westens hätten die Zeit zur Ware gemacht, unsere Lebenszeit, über die eigentlich laut dem Christentum nur Gott allein verfügen darf. Auch aus den Ressourcen der Erde habe der Westen eine Ware gemacht und auf diese Weise die drei Grundideen des heutigen Kapitalismus geschaffen: Zeit ist Geld, der Mensch ein Sklave und die Erde ein Selbstbedienungsladen. Nur Indianer und Afrikaner würden noch dagegenhalten und ein wenig auch die Russen mit ihrer großartig gescheiterten Revolution!, holte das Wunderkind weiter aus:

»Für Russen, Afrikaner und Indianer waren Mensch und Zeit keine Handelsware. Gestern war eine Zeit, morgen wird es wieder eine geben, und jeder Tag bringt uns Nahrung und Spaß. Deswegen gehen Afrikaner, Indianer und Russen nur in äußerster Not arbeiten, haben nichts mit Versicherungen am Hut und versuchen jede Stunde ihres Lebens zu genießen. Sie haben niemanden kolonisiert oder versklavt, sie wurden stets vom gierigen Westen ausgenommen!«

Die Spaghetti kamen. Sebastian und ich aßen, das Wunderkind erzählte weiter:

»Die Afrikaner, Indianer und Russen waren auch die Einzigen, die es mit dem Kommunismus versucht haben. Schade, dass es nicht geklappt hat. Die Spekulanten und ihre Finanzmärkte sind daran schuld, dass jeder Traum von sozialer Gerechtigkeit kaputtverkauft wird. Marx hätte das voraussehen und eine Fortsetzung seines ›Kapital‹ schreiben müssen – Band IV: ›Was tun, wenn das Gespenst des Kommunismus sich zwischen drei Birken verläuft‹.«

»Iss bitte!«, sagten wir zum Wunderkind. »Die Spaghetti werden kalt.«

Er willigte ein – »aber bitte ohne diese scharfe Sauce!«

Er mag Scharfes nicht. Zum Glück haben wir noch ein Dutzend andere Saucen im Kühlschrank für alle denkbaren Geschmäcker. Das Wunderkind entschied sich für süßen Ketchup mit Mangogeschmack.

»Auf Dauer werden es die Menschen trotzdem nicht schaffen, in einer Gesellschaft zu leben, die ausschließlich auf ständig wachsendem Konsum aufgebaut ist. Die Schuld muss abgeschafft werden, eine neue Moral wird die Menschen aus der kapitalistischen Sackgasse ans Licht führen!«, fuhr er fort.

O.k., sagten wir, wenn deine Afrikaner und Indianer so tolle Menschen waren und sind und der westlichen Welt in allen Fragen überlegen, warum haben sie sich dann so leicht kolonisieren lassen? Und was haben sie gemacht, bevor sie kolonisiert wurden? Sind sie nicht die ganze Zeit ohne Unterhose hinterm Busch gesessen und haben einander gegessen? Was hat ihnen ihre schuldlose Moral gebracht? Wo sind ihre Wissenschaftler, Philosophen, Künstler? War die Kolonialzeit nicht die Blütezeit dieser Länder? Kaum haben sich die Kolonisatoren aus ihren eroberten Gebieten zurückgezogen, landeten deine Superhelden wieder hinterm Busch. Und die Russen sind auch nur deswegen angstfrei auf ihre Revolution zugesteuert, weil die orthodoxe Auslegung des Christentums ihnen weniger Gottesfurcht einflößte als die europäischen Varianten. Die Europäer wurden von Kindheit an mit der Hölle, dem Satan und seinen dickhornigen Teufeln konfrontiert. Sie machten sich bei jedem Unwetter in die Hosen, dachten sofort an die Sintflut, verbrannten zahllose Hexen, mussten jede Woche zur Beichte und zahlen noch heute eine fette Kirchensteuer. Im russisch-orthodoxen Glauben sehen Teufel dagegen wie kleine Mäuse aus. Sie setzen sich Betrunkenen auf die Schulter und bringen sie vom richtigen Nachhauseweg ab, sind aber keine Mephistos und nicht weiter gefährlich. Selbst die Hölle sieht auf russischen Bildern wie eine gut beheizte Sauna aus, und Satan kommt nur am Rande als Heizer vor. Russen haben ihre Hexen nicht verbrannt, sondern geheiratet und mussten, wenn überhaupt, nur einmal beichten, nämlich auf dem Totenbett.

Trotz dieser Argumentation bestand das Wunderkind auf seiner Weltanschauung. Natürlich hatten Indianer und Afrikaner ihre Künstler, Wissenschaftler und Poeten, behauptete er. Bloß schienen dem weißen Mann ihre Entdeckungen nutzlos, und ihre Kunst verstand er nicht. Nur eines konnte die Augen des weißen Mannes leuchten lassen: Gold! Und die Russen, diese Indianer des Ostens, diese Afrikaner im Schnee, sie hätten zumindest versucht, mit ihrer Revolution die westliche Schuldmoral zu bekämpfen. Sie wären leider gescheitert, aber noch sei nicht alles verloren, der Kampf gehe weiter, rief das Wunderkind und knallte mit dem Löffel auf den Tisch.

»Wenn ihr nicht sofort aufhört, rufe ich den Krankenwagen«, drohte meine Frau aus dem Nebenzimmer.

Schweigend aßen wir die kalten Spaghetti auf, jeder mit seiner Lieblingssauce, die Welt blieb vorerst ungerettet.

Nachts hatte ich einen komischen Albtraum. Darin gründeten wir mit dem Wunderkind zusammen eine fünfte Internationale und zwar bei uns in der Küche. Es kamen Indianer, Afrikaner und Russen, und alle waren fest entschlossen, die Welt zu retten und hatten Hunger. Ich setzte einen großen Topf auf den Herd und stellte fest: Die Spaghetti waren alle.

Finger knacken kurz vor Weihnachten

Kurz vor Weihnachten erlahmt das großstädtische Leben, auch die Schule meiner Kinder funktioniert kaum noch. Das Feuer des Wissens wird auf Sparflamme gestellt, und statt zu lernen, wird nur noch gefrühstückt. In der Schule meiner Kinder waren ein lateinisches Frühstück geplant, ein französisches, ein deutsches und ein russisches – ehrenhalber. Zu jedem Frühstück sollten die Schüler eine passende Kleinigkeit mitbringen. Niemand wusste genau, was zu einem lateinischen Frühstück gehörte. Meine Tochter nahm für alle Fälle ein Glas mit Gurken und eine Packung Servietten mit. Beim französischen Frühstück wurden Croissants mit Käse und Marmelade serviert, beim deutschen alles aufgegessen, was von dem französischen übrig geblieben war. Für die Organisation des russischen Frühstücks musste meine Tochter als Beraterin Rede und Antwort stehen.

»Na, Nicole«, hänselten ihre Mitschüler sie – alles

ungebildete Idioten, versteht sich: »Was essen deine Russen im Winter, oder fallen sie in Winterschlaf?«

»Wie geht es deinen Landsleuten in Sibirien?«, fragten die anderen. »Frieren ihnen die Finger ab?«

Weil sie Geografie geschwänzt hatten, glaubten sie, alle Russen würden in Sibirien leben. Meine Tochter gab gern fachliche Auskünfte über Sibirien, obwohl sie noch nie dort gewesen war.

»In der Tat«, sagte sie, »gefrieren den Russen im Winter die Finger. Sie knacken die gefrorenen Finger ab, wickeln sie in Teig und machen daraus Teigtaschen. So können sie die kalte Jahreszeit überstehen. Im Frühling wachsen ihnen die fehlenden Finger wieder nach. Aber im Winter haben alle Russen vier Finger, nur Putin hat das ganze Jahr über fünf, ähnlich wie bei den Simpsons. In der Zeichentrickserie hat nur Gott fünf Finger, weil er sich irgendwie von den übrigen Simpsons unterscheiden will. In Russland ist Putin Gott.«

Die Mitschüler waren von der Darstellung der sibirischen Verhältnisse schwer beeindruckt, hatten aber keinen Appetit mehr auf russische Spezialitäten. Nach dem Frühstück wurden die älteren Jahrgänge mit einer Berufsberatung konfrontiert, die jüngeren mussten noch fehlende Hausaufgaben nachliefern. Meine Tochter und ihre ganze Klasse langweilten sich sehr bei der Berufsberatung. Niemand aus der Klasse wusste hundertprozentig, was er werden wollte. Die meisten sahen ihre Zukunft in der Musikbranche, der Philosophie oder irgendwie in Kunst und Kultur. Wahrscheinlich lag es am schlechten Einfluss der Eltern, die auch nichts Richtiges gelernt hatten und daher fast ausschließlich in der Unterhaltungsbranche tätig waren.

Ich habe versucht, meinen Kindern von der Unterhaltungsbranche abzuraten. Etwas Solides bei einer Bank oder Versicherung wäre sinnvoller, dachte ich, aber auf mich wollte keiner hören. Die Zukunft Deutschlands – das Land der Dichter und Denker – schlief bei der Berufsberatung beinahe vollzählig ein. Die Berufsberaterin der Arbeitsagentur, hinter vorgehaltener Hand von den Schülern »BB-AA« genannt, gab sich kaum Mühe bei der Beschreibung der Arbeitswelt von morgen. Persönlich hielt sie den Job einer Berufsberaterin für super entspannt. Man musste so gut wie nichts können und bekam von der Arbeitsagentur auch noch Geld dafür: 1467 Euro jeden Monat aufs Konto überwiesen, wie sie der Klasse verriet.

»Eure Eltern«, sagte die Berufsberaterin, »werden euch letzten Endes helfen, den richtigen Platz im Leben zu finden, ich gebe nur Denkanstöße.«

Ich half, so gut ich konnte, und schrieb mit meinem Sohn die noch fehlenden Hausaufgaben. In Musik schuldete Sebastian seinem Lehrer noch einen zehnseitigen Aufsatz über den Rapper Eminem. Das Leben und künstlerische Tun dieses Mannes sollte in allen

Einzelheiten beschrieben werden. Mein Sohn wollte sich auf die Kunst des Rappers konzentrieren, mir hatte er das Langweilige zugeteilt: die Biografie von Eminem, die Anfänge seiner Karriere und den Untergang seines Wohnortes, der Stadt Detroit.

Die Biografie von Eminem, die ich im Internet fand, war furchtbar. Sie bestand ausschließlich aus Mobbing, Konfrontationen und Klagen. Zuerst haben alle den kleinen Eminem gehänselt und ihm das Leben schwergemacht – seine Mama, seine Freundin und seine Schulkameraden. Dann hat er seinen ganzen Hass auf sie gereimt und auf eine Platte gesungen. Sie wurde erfolgreich verkauft, und auf einmal wollten alle seine Feinde Geld von ihm haben, weil sie sich in seinen Songs »unkorrekt dargestellt« fanden. Aber Eminem hatte die besseren Anwälte, und niemand hat etwas von ihm bekommen, außer seiner Mama. Diese sehr amerikanisch wirkende Biografie las sich wie eine Mischung aus Gerichtssendung und »Jemand sucht den Superstar«.

Der Untergang der Stadt Detroit dagegen berührte mich sehr. Er erinnerte mich an den Untergang der DDR und an Ostberlin Anfang der Neunzigerjahre, als die Stadt auf den Trümmern des sozialistischen Imperiums ein neues Leben als Kunstprojekt eingehaucht bekam. In Detroit kämpften die unterdrückten Arbeiter mit den kapitalistischen Ausbeutern der Automobilindustrie so erfolgreich, dass die Ausbeuter kapitulierten. Sie schlossen ihre Fabriken und zogen ein paar Meilen weiter aufs Land. Dort bauten sie ihre Produktionsstätten neu auf und heuerten neue Arbeiter an, die noch nicht so kapitalismuskritisch waren. Die Unterdrückten von Detroit blieben ohne Unterdrücker und ohne Jobs zurück. Sie plünderten die Stadtkasse so lange, bis nichts mehr drin war. Dann steckten sie den Rest in Brand und meldeten für ihre Stadt Insolvenz an. Chaos und Anarchie zogen in Detroit ein. Plötzlich waren Häuser für einen Dollar zu haben.

Während das Kapital und der Staat einen Bogen um Detroit machten, wurde es von Künstlern aus aller Welt entdeckt. Auf den Ruinen der Automobilindustrie entstand eine Wiege der modernen Kunst. Inzwischen hat Detroit ein zweites Leben als Mischung aus Kneipen und Galerien. Detroit ist tot, es lebe Detroit! Ich habe gerne über diese Stadt geschrieben und hoffte bei der Musiklehrerin auf eine gute Note. Ich habe schon immer gerne Aufsätze geschrieben, auch für andere. Leider schreiben meine Kinder meine Aufsätze immer um und wollen nur ihre eigenen Gedanken drinlassen.

Meiner Tochter half ich, einen Aufsatz über den kategorischen Imperativ bei Kant zu schreiben, der angeblich in jedem Mensch eingebaut sein musste, damit die Gesellschaft funktionierte. Nicole sollte die reale Präsenz des kategorischen Imperativs am Beispiel der

Aufopferung des Priesters Maximilian Kolbe beweisen, der im KZ freiwillig anstelle eines polnischen Familienvaters in den Tod ging. Ich ärgerte mich über diese Aufgabe. Zu Kants Zeiten hatte es noch keine Konzentrationslager gegeben, das Gute und das Böse waren und sind in jedem Mensch vorhanden und kommen, wann sie wollen, ohne die Philosophen zu fragen. Meine Tochter und ich waren beide der Meinung, dass Kant seinen Imperativ niemals als Medizin zum Wohl der Allgemeinheit oder als Aufklärung der Geschichte gesehen, sondern ihn als Denkweise eines einzelnen Menschen betrachtet hatte, nämlich seine eigene. Und wie jeder Mensch war Kant jeden Tag anders drauf.

Menschen sind zu widersprüchlichen Entscheidungen fähig, sie können am gleichen Tag den Helden und den Schurken geben. Deswegen ist jeder Versuch, bereits Geschehenes oder auch nur Geplantes mit Kants kategorischem Imperativ auf seine Richtigkeit zu prüfen, lächerlich, so schrieb ich. Nicole schrieb das alles selbstverständlich um. Die Lehrerin hat unseren anarchistischen Aufsatz nicht einmal gelesen, glaube ich, sonst hätten wir dafür sicher keine Eins bekommen. Ich hätte gerne noch mehr Aufsätze mitgeschrieben, doch meine Möglichkeiten sind beschränkt. Ich habe, wie gesagt, nichts Anständiges gelernt. Außer in Philosophie und Musik kann ich bei keinen Hausaufgaben helfen. Den Heranwachsenden sind meine Aufsätze keine große Hilfe. Das Leben ist hart. Niemand kann einem helfen. Ein kategorischer Imperativ kann nicht helfen. Und eine Berufsberaterin auch nicht. Eminem erst recht nicht. Jeder muss alles selbst erledigen.

Mein Leben mit Es

Früher fragte ich mich oft, warum das Kind in deutscher Sprache weder maskulin noch feminin ist. Auf Russisch wird jedes Lebewesen gleich bei seiner Geburt einem Geschlecht zugeordnet. Aber seit ich selbst deutsche Kinder habe, verstehe ich es etwas besser. Es kann sich nämlich in keiner Frage festlegen. Es will zum Beispiel mit den Eltern nirgendwohin fahren, allein lassen darf man es aber auch nicht, weil es schier unzurechnungsfähig ist. Es kann Partys mit fremden Menschen veranstalten oder aus einer Laune heraus die Wohnung anzünden. Es pfeift auf elterliche Interessen, Vorschläge und Reisepläne, will aber gleichzeitig alles von dir haben – dein Geld, dein Fahrrad, deine Hemden und T-Shirts.

Der einzige Zwang, dem es nachgibt, ist die Schule. Keine Ahnung, wie Lehrer es geschafft haben, Heranwachsende zu überzeugen, dass sie zur Schule müssen. Das ging bestimmt nicht ohne Hypnose. Im Juni geht aber auch der Schule die Puste aus. Das Gymnasium gleicht der späten Sowjetunion kurz vor der Auflösung. Drinnen ist nichts mehr los, das Territorium darf man aber trotzdem nicht verlassen. Ein Notenstopp wird verhängt, altes Wissen erfolgreich vergessen, neues Wissen nicht mehr vermittelt. Die Schüler sitzen die meiste Zeit auf dem Schulhof, die Jungs »gammeln«, die Mädchen »chillen«, und die Lehrer versuchen ihre Unterrichtsstunden mit Unterhaltung zu füllen. An der Schule meiner Kinder schauten sich die Schüler im Physikunterricht einen surrealistischen Aufklärungsfilm über den genialen Einstein an, in dem am Himmel Geigen zwischen den Sternen hindurchflogen, weil Geigen angeblich Einsteins Lieblingsmusikinstrumente waren, und eine hässliche Handpuppe heulte mit Einsteinstimme, sie habe den Sinn ihres Lebens im Universum gefunden. Meine Tochter fand in dem Film bloß einen weiteren Beweis dafür, dass alle Mathematikgenies einen an der Klatsche hatten.

In der Spanischstunde bekamen die Schüler die Aufgabe, in Gruppen aufgeteilt eine Tortilla zu Hause zu backen. Meine Tochter modernisierte das alte spanische Rezept. Ihre Tortilla, mit russischen eingelegten Gurken und Pilzen, sorgte in der Klasse für Furore. Im Deutschunterricht sah sich die zehnte Klasse ebenfalls einen Film an: »Good Bye, Lenin!«, zum wiederholten Mal. Meine Tochter mag diesen Film sehr, vor

allem die Alltags-Requisiten der ehemaligen DDR gefallen ihr, die Gurkengläser, die Klamotten, die Musik, die Architektur. In ihrer romantischen Vorstellung
war die DDR nicht ein verlängerter Arm Moskaus, ein
Blinddarm des Kalten Krieges, sondern ein zauberhaf-
tes Land, bevölkert mit lustigen Kommunisten, die sich
vor der übrigen Welt mit einer Mauer schützten, um
aus ihrem Alltag einen Zirkus zu machen. Nach dem
Film zu urteilen, war die DDR tatsächlich ein Spaß für
Groß und Klein, ihre Auflösung ein Unfall, nicht auf
Drängen der Zirkusangestellten, sondern rein zufällig erfolgt. Alles auf Erden ging eben irgendwann zu
Ende. Die DDR war da keine Ausnahme. Unsere Erklärungen, wie es wirklich war, nahm das Kind mit hä-
mischem Lächeln zur Kenntnis. Was konnten wir schon
erzählen, wo es doch schon drei Mal »Good Bye, Lenin!« gesehen hatte!

Wir Eltern verbrachten im Juni viel Zeit im Garten
und versuchten, bei jeder Gelegenheit nach Brandenburg in die Natur zu fahren. Das Kind verabschiedete
uns mit Enthusiasmus. Doch nicht einmal zwei Stunden vergingen, da kamen die ersten Anrufe.

»Wann kommt ihr eigentlich nach Hause?«, fragte es
im Hörer.

»Sollen wir?«, fragten wir zurück.

»Ja, nein, ich weiß nicht«, meinte das Kind vage. »Es
ist schon cool, wenn ihr nicht da seid, aber kommt

trotzdem zurück, obwohl ich für euch noch keine konkrete Aufgabe habe«, so ungefähr äußerte es sich am Telefon. »Bleibt im Garten, aber kommt zurück! Und ruft vorher an, bevor ihr zurückfahrt!«

Ich weiß, wenn wir zurückkommen, ist das Kind nicht da und weiß selbst nicht, wo es ist. Es geht ohne Schlüssel und ohne Telefon los, und wir können das Haus nicht verlassen. Oder es nimmt unsere Schlüssel mit, und wir kommen nicht in die Wohnung. Oder es verliert die Schlüssel, und wenn wir das Schloss auswechseln, findet es die Schlüssel wieder. Wir leben in ständiger Angst, dass irgendetwas passiert. Ruft es an, heißt es, irgendwas ist schiefgelaufen. Ruft es nicht an, noch schlimmer. Wenn das Kind zu lange draußen herumläuft, ist mit Problemen zu rechnen. Wenn es zu Hause sitzt, ist es einfach nicht zu ertragen. Es hat Stimmungsschwankungen. Es kann innerhalb einer Stunde per Facebook alle Freunde verlieren und wiederfinden. Es hat entweder Langeweile oder Hunger, oder es wird krank. Gerade eben sprang es durch die Wohnung wie ein Ziegenbock, wollte Skateboard im Korridor trainieren und seine Haare richten. Plötzlich wird es ganz blass im Gesicht und hat Zuckungen am ganzen Körper. Natürlich am Wochenende, wenn die Ärzte frei haben. Mach was, tu was, heile mich! Manchmal hat es gute Laune, und alles ist wunderbar. Und manchmal ist es unglaublich kreativ. So erzählte mir meine Tochter vor einiger Zeit, sie töpfere in der Schule ein Geburtstagsgeschenk für die Mama.

»Schon wieder einen Aschenbecher wie im Kindergarten?«, erkundigte ich mich. Das Töpfern war eigentlich das letzte Mal im Kindergarten angesagt gewesen. Beinahe jede Woche hatte das Kind damals einen krummen Aschenbecher für Mama mit nach Hause gebracht. Wir haben noch immer eine ganze Sammlung schräger präpubertärer Aschenbecher irgendwo auf den Regalen verteilt liegen. Nun hat das Kind aber einen richtigen Menschen getöpfert, einen, der aussieht, als hätte er einen schlimmen Autounfall gehabt – der Körper verstümmelt, der Kopf hat eine Wölbung, und alle Sinnesorgane bis auf ein Ohr fehlen.

»Das ist ein junger Mann auf der Suche nach seinem wahren Ich«, erklärte meine Tochter. »Deswegen sind seine Augen und Ohren nach innen, nicht nach außen gerichtet.«

Die ganze zehnte Klasse wäre von ihrer Kunst begeistert, erzählte sie.

An diesem Kunstobjekt kann man erkennen, wie stark sich die Welt des Kindes verändert hat, wie sein Selbstverständnis gewachsen ist. Aus einem primitiven Aschenbecher ist ein geheimnisvolles Männchen mit einem Ohr geworden. Zur Not könne man das Männchen jedoch ebenfalls als Aschenbecher benutzen, die Wölbung auf dem Kopf eigne sich perfekt für Zigarettenkippen, meinte Nicole. Sie wollte eine rationale Komponente ihrer Kunst nicht ausschließen.

Abends zieht sich das Kind schick an und geht in den Park. Es hatte die »Garage« für sich entdeckt, einen alten Secondhand-Laden, in dem die Klamotten nicht nach Farbe und Form, sondern nach Gewicht verkauft werden. Wir haben die Garage schon vor zwanzig Jahren entdeckt, ich habe mir damals dort ein zerknittertes dunkelgrünes Sakko gekauft. Beim Bügeln stellte meine Frau das Bügeleisen auf den Boden, wo Nicole, damals noch zweijährig, herumkrabbelte und prompt das Bügeleisen anfasste. Sie hat angeblich noch immer eine kaum sichtbare Narbe am Zeigefinger, die von damals geblieben sei. Sie sagt, sie mag diesen Finger besonders gern, weil er anders als die anderen ist. Aus dem dunkelgrünen Sakko ist mittlerweile ein hellgrüner Waschlappen geworden.

»Warum habt ihr uns nicht früher von der Garage erzählt, wir mussten die ganze Zeit in H&M-Klamotten rumlaufen!«, ärgert sich das Kind.

Es ist überhaupt oft schlecht gelaunt. Tagsüber will es nichts essen, hat nachts Fressattacken, die es mit Pizza stillt, schreibt mit einem Marker auf die Schrankwand in seinem Zimmer »Mother, I kill you« und behauptet frech, dies sei bloß eine Zeile seines Lieblingsliedes. Aber es hat dir als Baby an den Hals gehaucht, es hat dich mit kurzen dicken Händchen umarmt, und es hat eine riesige lachende Ameise mit einem Stück Papier in der Hand auf die Tapete in deinem Zimmer gekritzelt mit der Unterschrift: »Mein Papa hat ein neues Buch geschrieben«.

Diese Bilder sind ein fester Teil deiner Biografie. Es sind die schönsten Momente deines Lebens, und daran ist nicht zu rütteln.

Wladimir Kaminer

wurde 1967 in Moskau geboren und lebt seit 1990 in Berlin. Er veröffentlicht regelmäßig Texte in verschiedenen Zeitungen und Zeitschriften und organisiert Veranstaltungen wie seine mittlerweile international berühmte »Russendisko«. Mit der gleichnamigen Erzählsammlung sowie zahlreichen weiteren Büchern avancierte er zu einem der beliebtesten und gefragtesten Autoren Deutschlands. Alle Bücher von Wladimir Kaminer gibt es von ihm selbst gelesen auch als Hörbuch. Mehr Informationen zum Autor unter www.wladimir-kaminer.de.

<u>Von Wladimir Kaminer lieferbar:</u>

Russendisko. Erzählungen · Militärmusik. Roman · Schönhauser Allee. Erzählungen · Die Reise nach Trulala. Erzählungen · Mein deutsches Dschungelbuch. Erzählungen · Ich mache mir Sorgen, Mama. Erzählungen · Karaoke. Erzählungen · Küche totalitär – Das Kochbuch des Sozialismus. Erzählungen · Ich bin kein Berliner – Ein Reiseführer für faule Touristen. Erzählungen · Mein Leben im Schrebergarten. Erzählungen · Salve Papa. Erzählungen · Es gab keinen Sex im Sozialismus. Erzählungen · Meine russischen Nachbarn. Erzählungen · Meine kaukasische Schwiegermutter. Erzählungen · Liebesgrüße aus Deutschland. Erzählungen · Onkel Wanja kommt – Eine Reise durch die Nacht. Erzählungen · Diesseits von Eden – Neues aus dem Garten. Erzählungen · Coole Eltern leben länger. Geschichten vom Erwachsenwerden · Das Leben ist keine Kunst – Geschichten von Künstlerpech und Lebenskünstlern

Sämtliche Titel sind auch als  E-Book erhältlich.

www.goldmann-verlag.de

G GOLDMANN
Lesen erleben

Unsere
Leseempfehlung

256 Seiten
Auch als E-Book erhältlich

Trotz ihrer 84 Jahre erlebt Wladimir Kaminers Mutter dank ihrer Neugier mehr Abenteuer als alle anderen Familienmitglieder — ob beim Englisch lernen, beim Verreisen oder beim Einsatz hypermoderner Haushaltsgeräte. Dabei sammelt sie eine Menge Erfahrungen, die sie natürlich an die nächste Generation weiterreichen möchte. Schließlich ist Wladimir mittlerweile in einem Alter, in dem man gute Ratschläge zu schätzen weiß. Wladimir folgt den Eskapaden seiner Mutter daher mit großem Interesse, allzeit bereit, etwas zu lernen. Und sei es nur, sich nicht von einer sprechenden Uhr terrorisieren zu lassen ...